AF592191

HENRI V

(LE GRAND MONARQUE)

RESTAURATEUR DU TRONE ET DES GLOIRES DE LA FRANCE

ET

80 ANS DE RÉVOLUTIONS

ANNONCÉS ET JUGÉS

PAR LES PROPHÉTIES

PAR

ALBERT DE BEC

Et adhuc in ea decimatio, et convertetur, et erit in ostensionem sicut terebinthus, et sicut quercus quæ expandit ramos suos.

(Isaïe, vi, 13.)

Après un châtiment terrible, elle se convertira et grandira aux yeux de tous, comme le térébinthe et comme un chêne qui étend au loin ses branches.

DEUXIÈME ÉDITION REVUE ET AUGMENTÉE

PARIS

FÉLIX GIRARD, LIBRAIRE ÉDITEUR

Rue Cassette, 30

Lyon, même maison, rue Saint-Dominique, 6

1871

HENRI V

(LE GRAND MONARQUE)

DÉCLARATION DE L'AUTEUR.

En fils soumis de l'Eglise, nous déclarons ne vouloir rien publier de contraire à son esprit, et accepter tous les jugements qu'il lui plaira de porter sur cette œuvre.

HENRI V

(LE GRAND MONARQUE)

RESTAURATEUR DU TRONE ET DES GLOIRES DE LA FRANCE

ET

80 ANS DE RÉVOLUTIONS

ANNONCÉS ET JUGÉS

PAR LES PROPHÉTIES

PAR

ALBERT DE BEC

Et adhuc in ea decimatio, et convertetur, et erit in ostensionem sicut terebinthus, et sicut quercus quæ expandit ramos suos.

(Isaïe, vi, 13.)

Après un châtiment terrible, elle se convertira et grandira aux yeux de tous, comme le térébinthe et comme un chêne qui étend au loin ses branches.

DEUXIÈME ÉDITION REVUE ET AUGMENTÉE

PARIS

FÉLIX GIRARD, LIBRAIRE ÉDITEUR

Rue Cassette, 30

Lyon, même maison, rue Saint-Dominique, 6

1871

AVANT PROPOS.

Ce n'est point ici un recueil de prophéties que nous présentons au public, mais une étude sur celles qui offrent les caractères les plus saillants d'autorité, pour recueillir les leçons de philosophie et de morale qui en découlent.

Pour cela il était indispensable d'établir nettement quelle valeur pouvaient avoir de semblables documents. C'est ce que nous avons entrepris de faire dans une première partie, où nous avons développé quelques considérations générales sur l'esprit prophétique.

C'est à l'heure des grands périls et des grandes crises qu'il faut éclairer les intelligences, afin d'unir et de grouper tous les cœurs pour sortir victorieux de toutes les épreuves.

Nous invitons donc le lecteur à nous suivre sur la route que nous allons entreprendre. Par delà les tristesses de l'heure présente, il verra se lever un soleil radieux qui nous promet encore des heures de gloire et de triomphe.

Le 28e jour du mois de Marie, Reine des prophètes.

ALBERT DE BEC.

PREMIÈRE PARTIE.

Considérations générales sur les prophéties.

En présence des événements extraordinaires qui depuis quatre-vingts ans bouleversent l'Europe, quel est celui qui n'ait eu la curiosité d'ouvrir un livre de prophéties, ou de prêter une oreille plus ou moins attentive aux paroles d'approbation ou de critique qui ont cours dans la société au sujet de ces matières intéressantes? Elles renferment plus d'un mystère, et abondent, sans qu'on paraisse s'en douter, en enseignements remplis d'éloquence et d'actualité.

Et pourtant qu'il est rare de trouver la vérité au milieu des fluctuations de l'opinion dans le monde, dont le principal caractère est d'être insouciant et léger! Combien il est difficile d'avoir la bonne fortune de rencontrer un homme qui parle sur ces sujets obscurs et élevés le langage de la sagesse!

Quand, au milieu d'une si grande confusion de jugements et de croyances, les voix les plus autorisées ont de la peine à parvenir à se faire écouter, n'y a-t-il pas quelque témérité, pour celui qui ne peut employer en sa faveur que la droiture de ses intentions et le prestige sans fard de la vérité, à venir heurter de front bien des préjugés pour faire luire la lumière, et ne s'expose-t-il pas à de graves difficultés en invitant le lecteur à étudier avec lui les prophéties modernes, auxquelles on n'attache d'ordinaire qu'une très-médiocre importance? Mais c'est parce qu'il en découle des leçons salutaires dont il serait regrettable de perdre le profit, faute d'un guide pour écarter les difficultés et montrer le chemin, que je n'ai point hésité à livrer au public ces quelques pages. Elles auront, au moins je l'espère, l'avantage d'engager plusieurs esprits sérieux à poursuivre une route dont je n'ai indiqué que les premiers jalons ; en marchant plus avant, il leur sera donné d'y découvrir des aperçus nouveaux et féconds, pleins d'intérêt pour tous.

Les peuples, du reste, ont été tellement broyés sous le pressoir des tribulations, que je ne crois pas qu'il puisse y avoir de moment plus opportun pour leur faire toucher du doigt les décrets de la Providence, et pour élever les âmes jusqu'au trône de Celui qui ne frappe que pour guérir.

§ 1.

Universalité et perpétuité de l'esprit prophétique prouvées par l'histoire.

La prophétie, qui vient des mots grecs πρὸ φημι, *je dis d'avance*, est dans l'histoire de l'humanité une chose aussi vieille que le monde. A peine l'homme eut-il été chassé du paradis, que Dieu s'empressa de lui faire une promesse prophétique du salut qui devait couler un jour à longs flots du fruit de la femme : « C'est elle qui brisera ta tête, dit-il au serpent, et tu dresseras des embûches contre son pied victorieux (1). »

Plus tard, quand l'humanité aura grandi, l'esprit prophétique prendra des accroissements nouveaux, et chez le peuple juif nous trouvons les prophéties les plus circonstanciées touchant les différents malheurs de ce peuple pendant la période de son histoire, et aussi sur la rédemption des nations, le Christ et l'établissement de l'Eglise. Dans le Nouveau Testament, un livre divin inspiré par Dieu à saint Jean dans l'île de Pathmos contient toute l'histoire de cette même Eglise, depuis les premiers jours de sa fondation jusqu'aux derniers âges du monde et au jugement universel qui doit clore tous les temps. De cette terre de Judée où Dieu conservait pour l'humanité le dépôt des grandes traditions et les principes de la religion véritable, l'Esprit saint, qui inspirait les prophètes, leur dévoilait souvent aussi l'avenir des autres nations.

Près de mille ans avant que Romulus et Rémus eussent fondé la cité qui devait un jour conquérir le monde, Moïse avait annoncé aux fils d'Israël que ces fiers conquérants prendraient un jour d'assaut leur ville sainte, et que, durant les horreurs d'un siége des plus terribles dont l'histoire ait enregistré le souvenir, une mère dévorerait son propre fils.

Isaïe, Ezéchiel, Jérémie, Daniel avaient annoncé à Tyr, à Babylone, à Ninive, à l'Egypte, à la Grèce leur destinée future ; et tel est le respect que les nations

(1) Genèse, c. III, v. 15.

ont toujours eu pour les prophéties et les hommes inspirés, qu'Alexandre le Grand se prosterna devant le grand-prêtre Jaddus, qui lui était apparu dans un songe mystérieux pour lui promettre l'empire d'Orient.

Dieu prodiguait particulièrement ses enseignements au pays qu'il s'était choisi dans les desseins de son impénétrable sagesse ; mais il ne refusait pas néanmoins quelques rayons de la lumière prophétique aux nations païennes, quoiqu'elles fussent plongées dans les ténèbres de l'erreur, et il ne permit pas qu'elles fussent entièrement privées des consolations qu'elle apporte avec elle.

C'était, à l'époque d'Auguste, une croyance universelle, appuyée sur de nombreux oracles, qu'il allait paraître quelque chose de grand dans l'univers, et Virgile se fit l'écho et le résumé fidèle de toutes ces voix de l'avenir quand il célébra, dans son églogue immortelle sur Pollion, la gloire du héros divin, participant à la nature même de Jupiter (1), qui allait sortir de l'Orient pour apporter l'âge d'or au monde. Libre à la *pesante érudition* de Van-Dale et aux *jolies phrases de Fontenelle* (2), comme à l'orgueilleuse science de tous leurs successeurs, de déployer toutes les ressources dont ils peuvent disposer pour prouver que les vers du poëte latin ne renfermaient aucun oracle ! Il n'en est pas moins certain qu'ils furent de tout temps considérés comme une prophétie sur l'avénement du Rédempteur, et même qu'ils furent, à cause de leur importance, traduits en vers grecs et

(1) Magnum Jovis incrementum.

(2) Joseph de Maistre, *Soirées de Saint-Pétersbourg*, t. II.

lus dans cette langue au concile de Nicée, par ordre de l'empereur Constantin.

Plus tard, quand Jésus-Christ eut paru dans le monde, il se produisit un fait dont se préoccupa toute l'antiquité profane, et qui inspira à Plutarque un de ses traités : c'est la cessation des oracles. Lucain, qui en ignorait la cause comme les autres païens, s'écrie quelque part à ce sujet : « Le silence de l'oracle de Delphes est la privation la plus grande que les dieux nous aient actuellement imposée (1). »

Sous les sombres forêts de leurs chênes séculaires, les druides avaient aussi entendu la voix des oracles, puisque de nos jours on a trouvé près de Chartres, sur un autel druidique, cette inscription célèbre :

Virgini pariturœ : druides.

« A la Vierge qui doit enfanter : les druides. »

Si nous traversons l'Océan pour recueillir les traces des prophéties dans l'ancien monde, nous entendons Robertson qui nous dit : « Si l'on en croit les premiers historiens espagnols et les plus estimés, il y avait parmi les Américains une opinion presque universelle que quelque grande calamité les menaçait et leur serait apportée par une race de conquérants redoutables venant des régions de l'Est pour dévaster leur contrée (2). »

Ailleurs le même historien rapporte le discours de Montezuma aux grands de son empire : « Il leur rap-

(1) . . . . Non ullo sæcula dono
Nostra carent majore deum, quam Delphica sedes
Quod siluit. . . . .
(Luc., *Phars.*, l. V.)

(2) Robertson, *Histoire de l'Amérique*, t. III in-12, l. V, p. 39.

pelle les traditions et les prophéties qui annonçaient depuis longtemps l'arrivée d'un peuple de la même race qu'eux, et qui devait prendre possession du pouvoir suprême (1). »

Les traditions chinoises tiennent absolument le même langage. On lit dans le *Chouking* ces paroles remarquables : « Quand une famille s'approche du trône par ses vertus, et qu'une autre est prête à en descendre en punition de ses crimes, l'homme parfait en est instruit par des signes avant-coureurs (2). »

Les missionnaires ont placé sous ce texte les paroles suivantes :

« L'opinion que les prodiges et les phénomènes annoncent les grandes catastrophes, le changement des dynasties, les révolutions dans le gouvernement, est générale parmi nos lettrés. « Le Tien, disent-ils « d'après le *Chouking* et autres anciens livres, ne « frappe jamais de grands coups sur une nation en- « tière sans l'inviter à la pénitence par des signes « sensibles de sa colère. »

Ecoutons enfin Machiavel : « Je ne saurais en donner la raison, dit-il, mais c'est un fait attesté par toute l'histoire ancienne et moderne, que jamais il n'est arrivé de grands malheurs dans une ville ou dans une province qui n'aient été prédits par des révélations, des prodiges, ou autres signes célestes (3). »

Voilà donc consacrée par l'expérience des siècles et attestée par Machiavel lui-même, qui ne peut être suspect en pareille matière, la réalisation de cette

(1) Ibid., p. 123.
(2) *Mémoire sur les Chinois*, in-4, t. I, p. 482.
(3) Machiavel, *Discours sur Tite-Live*, 1, 56.

parole du prophète Amos : « Les calamités ne peuvent fondre sur une cité sans la volonté du Seigneur, et le Seigneur ne la frappera jamais sans avoir révélé auparavant son secret aux prophètes ses serviteurs (1). »

Ainsi les nations de tous les temps et de tous les âges, les plus civilisées comme les plus barbares, prouvent, par leur consentement unanime, qu'à toutes les époques solennelles la Divinité a daigné soulever pour l'humanité les voiles de l'avenir ; et cette unanimité témoigne que c'est là une vérité qu'il est impossible de révoquer en doute. En effet, si les hommes ont pu souvent s'abuser sur l'objet particulier d'une communication surnaturelle, qui souvent n'était qu'une supercherie chez les païens, on ne peut admettre qu'ils se soient tous trompés sur le principe de la révélation en elle-même. « Le matérialisme, qui souille la philosophie de notre siècle, l'empêche de voir que la doctrine des esprits, et en particulier celle de l'esprit prophétique, est tout à fait plausible en elle-même, et, de plus, la mieux soutenue par la tradition la plus universelle et la plus imposante qui fut jamais. Pensez-vous que les anciens se soient tous accordés à croire que la puissance divinatrice ou prophétique était un apanage inné de l'homme? Cela n'est pas possible. Jamais un être, et à plus forte raison une classe entière d'êtres, ne saurait manifester généralement et invariablement une inclination contraire à sa nature. Or, comme l'éternelle maladie de l'homme est de pénétrer l'avenir, c'est une preuve certaine qu'il a des droits sur cet

(1) Amos, III, 6-7.

avenir, et qu'il a des moyens de l'atteindre, au moins dans certaines circonstances (1). »

Si tous les âges remarquables ont eu leurs prophéties, pourquoi le nôtre, qui, certes, n'est point, je crois, un des moins caractéristiques dans l'histoire de l'humanité, n'aurait-il pas les siennes? En face de cet affaiblissement universel de la foi, de la dépravation des mœurs, et de l'oubli général de ces traditions élevées et vivifiantes qui firent jadis notre gloire et notre grandeur, de ces calamités sans nombre qui, depuis près d'un siècle, frappent sans relâche des coups toujours plus terribles sur notre malheureux pays, tellement que, durant la triste époque qui s'écoule depuis le mois d'août 1870, plusieurs, désespérant du salut de la France, se sont écriés, dans l'angoisse de leur âme, renouvelant la plainte de la Pologne expirante : *Finis Galliæ!* C'est la fin de la France! En face des malheurs de l'Europe entière et du renversement de toutes les lois divines et humaines, jusqu'à livrer à la révolution le plus auguste et le plus sacré des trônes de l'univers, celui du successeur de Pierre, n'a-t-on pas le droit de se demander : Dieu manquerait-il cette fois à sa promesse, et aurait-il permis que les calamités fondissent sur la cité et sur les royaumes sans sa volonté, et avant de frapper n'aurait-il pas révélé son secret aux prophètes ses serviteurs? Non, le Seigneur n'a point été infidèle à sa promesse. Il a, au contraire, multiplié ses avertissements à l'infini; mais, hélas! combien petit a été le nombre de ceux qui ont prêté l'oreille à ces oracles, qui semblaient retentir dans le désert!

(1) Joseph de Maistre, *Soirées de Saint-Pétersbourg*, in-8, t. II.

Tous les esprits n'ont pas néanmoins rejeté la parole qui venait les entretenir d'événements inouïs dans les fastes de l'histoire ; il en est qui s'en sont sérieusement occupés, et qui l'ont accueillie avec l'attention qu'elle méritait; et, certes, l'autorité des hommes qui ont agi ainsi mérite qu'on ajoute quelque foi à leur opinion. La Harpe, proscrit le 18 fructidor, répétait au fond de sa retraite la célèbre prophétie de Cazotte, dont il avait l'accomplissement terrible sous les yeux, et qu'il nous a conservée dans ses ouvrages. « De nos jours, dit Joseph de Maistre, la Révolution française a fourni un exemple des plus frappants de cet esprit prophétique qui annonce constamment les grandes catastrophes. Depuis l'épître dédicatoire de Nostradamus au roi de France, qui appartient au XVIe siècle (1), jusqu'au fameux sermon du P. Beauregard ; depuis les vers d'un anonyme, destinés au frontispice de Sainte-Geneviève, jusqu'à la chanson de M. de Lisle, je ne crois pas qu'il y ait eu de grands événements annoncés aussi clairement et de tant de côtés. Je pourrais accumuler une foule de citations, je les supprime parce qu'elles sont assez connues... Plus que jamais, dit-il ailleurs, nous devons nous occuper de ces hautes spéculations, car il faut nous tenir prêts pour un événement immense dans l'ordre divin, vers lequel nous marchons avec une vitesse accélérée qui doit frapper tous les obser-

(1) Dans sa lettre à Henri II, Nostradamus annonce notamment, comme une des mauvaises époques de la Révolution française, *l'an mil sept cent nonante-deux que l'on cuydera être une rénovation de siècle.* (*Œuvres de Nostradamus*, édition de 1566. — Voir les intéressants ouvrages de M. l'abbé Torné-Chavigny sur Nostradamus.)

vateurs. Il n'y a plus de religion sur la terre; le genre humain ne peut demeurer dans cet état. Des oracles redoutables annoncent d'ailleurs que les temps sont arrivés (1). »

Puis donc que Dieu a daigné faire entendre sa voix, ne paraît-il pas souverainement raisonnable de rechercher cette parole et de la dégager des erreurs dont l'entraînement populaire aurait pu l'envelopper, et, après en avoir constaté l'authenticité, d'en étudier les secrets ?

Mais auparavant il est nécessaire, pour élucider toutes les difficultés, de continuer nos considérations sur les prophéties en général.

§ 2.

L'esprit prophétique est un don divin; attitude de la société en présence du surnaturel.

Cicéron, examinant la question de savoir pourquoi nous sommes instruits dans nos songes de plusieurs événements futurs, en rapporte trois raisons, d'après le philosophe grec Posidonius : 1° l'esprit humain prévoit plusieurs choses sans aucun secours extérieur, en vertu de sa parenté avec la nature divine; 2° l'air est plein d'esprits immortels qui connaissent ces choses et les font connaître; 3° les dieux enfin les révèlent immédiatement.

On peut juger d'après ces paroles combien le paganisme avait conservé intactes les traditions primitives des relations de l'homme avec les anges et avec la Di-

(1) J. de Maistre, *Soirées*, t. II.

vinité elle-même. Car, en dehors de ces moments très-rares où un homme de génie rempli d'une inspiration subite, et profondément instruit d'ailleurs sur les causes génératices de la grandeur ou de la décadence d'un peuple, aura un de ces éclairs rapides qui dévoileront devant lui l'avenir prochain de ce peuple (ce qu'on appelle *une prévision*), il n'y a en fait de prophéties véritables que celles qui naissent d'une révélation faite directement à l'homme par Dieu lui-même ou par le ministère d'un ange. Dieu ne fait d'ordinaire des révélations que lorsqu'il y a des motifs suffisants, et ce n'est souvent qu'à des âmes naïves, simples et pures qu'il daigne parler, afin qu'on reconnaisse d'autant mieux son action divine, que le sujet qu'il emploie est plus incapable par lui-même d'une invention quelconque.

La grâce sanctifiante n'est pourtant pas une condition indispensable pour que l'esprit prophétique se repose sur un homme. Dieu s'est même servi quelquefois de ses ennemis pour faire annoncer aux peuples les choses à venir. C'est ainsi qu'on doit à Balaam une des prophéties les plus célèbres sur le Messie, et l'Evangile dit que Caïphe lui-même prophétisa sur Jésus-Christ.

Tel est l'enseignement de l'Eglise catholique, bien différent de celui du spiritisme, qui nous met en communication constante avec les esprits pour les motifs les plus frivoles et quelquefois les plus coupables. Mais la doctrine de Posidonius, qui est un très-précieux témoignage des croyances de l'antiquité au sujet des relations de la Divinité et des anges avec l'homme, si elle n'était pas vivifiée par les splendeurs de la foi, qui saisit avec avidité, dans les œuvres des anciens auteurs profanes, toutes les traces de la révélation primitive, pourrait servir, à cause de son élasticité, à appuyer des théories erronées.

On se demande aussi parfois si l'ange de ténèbres n'a pas le pouvoir de faire des révélations. Il est certain que ce dernier peut faire dans de certaines limites des prédictions vraies, parce qu'étant pur esprit et doué d'une intelligence infiniment plus perspicace que celle de l'homme, qui est ici-bas enveloppé dans les langes de la chair, il peut, au moyen des connaissances qu'il a acquises et par sa profonde expérience, faire des conjectures beaucoup plus vastes et beaucoup plus sûres que les nôtres sur les événements à venir. Mais là se borne son pouvoir. Dieu seul, parce qu'il est essentiellement éternel, et que le passé et l'avenir sont pour lui le présent, attendu qu'il n'est point soumis, comme nous qui vivons dans le temps, à la succession des instants et des heures, connaît parfaitement tout ce qui doit arriver. Il dévoile donc aux anges et aux saints qui composent sa cour les événements futurs dans la mesure qu'il s'est proposée; et ceux-ci, lorsqu'ils en reçoivent l'ordre, communiquent aux hommes leurs connaissances.

Assurément les prophéties de l'Ancien et du Nouveau Testament sont assez explicites, et elles embrassent tous les âges de l'Eglise, sans que celle-ci ait besoin, pour le salut de ses enfants, d'une révélation nouvelle. Le cercle des Ecritures sacrées est clos à jamais.

Il n'en est pas moins certain cependant que l'esprit prophétique, comme don divin, a toujours vécu et vivra toujours dans le monde, et même que *Dieu le répandra* sur les hommes avec plus d'abondance ver la fin des temps. C'est ce dont nous avertit le prophète Joël (1).

Saint Paul disait aux Thessaloniciens : « *Gardez-« vous de mépriser les prophéties* (2), mais éprouvez-« les et conservez celles qui sont bonnes. » Cet apôtre admettait donc, comme un fait incontestable, qu'en dehors des Ecritures, sur lesquelles les fidèles auxquels il s'adressait ne pouvaient formuler aucun doute, il pouvait y avoir des prophéties particulières respectables; et c'est là assurément une chose qui n'était pas rare, puisqu'il dit ailleurs aux habitants de Corinthe : « Désirez les *dons spirituels*, mais sur-« tout *celui de prophétie;* car quiconque prophétise « parle aux hommes pour les édifier, les consoler, « les exhorter... Celui qui prophétise édifie l'Eglise « de Dieu... et c'est pour l'utilité de cette même « Eglise que les dons du Saint-Esprit manifestés au « dehors sont donnés aux fidèles. A l'un il a accordé « la *grâce* de guérir les maladies, à un autre le *don* « des miracles, à un autre *celui de prophétie* (3). » Rien n'est donc mieux établi que la doctrine de l'Apôtre à l'égard de l'origine céleste des manifestations particulières de l'esprit prophétique, qui, parce qu'il souffle où il veut, n'en est pas moins un esprit de vérité. Nous ne saurions dès lors l'entourer de trop de respect, et nous serions coupables de lui refuser notre confiance.

Que deviennent donc les répugnances rationalistes de notre époque, répugnances partagées par beau-

(1) Joël, II, 28-29.
(2) I Thessal., 20-21.
(3) I Corinth., XIV, 1-3.

coup de chrétiens, en face de la doctrine des apôtres ? Ne suffit-il pas malheureusement, aujourd'hui, de prononcer le nom de miracle, d'apparition miraculeuse ou de révélation pour voir aussitôt les fronts se rembrunir, les contenances devenir embarrassées, et pour entendre prononcer ce perpétuel refrain par lequel on semble se tirer avec la meilleure grâce du monde du milieu d'une atmosphère divine qui gêne manifestement les consciences : « Ah ! prenez garde, il ne faut pas se presser autant ; les miracles étaient bons pour l'époque de nos pères, mais au XIXe siècle depuis longtemps ils ont cessé d'exister. » Vous entendez certaines personnes vous affirmer qu'il est presque indécent de croire que la Mère de Dieu a daigné descendre au milieu de nous pour parler à ses enfants. « Et puis tel ou tel personnage ecclésiastique, vous ajoute-t-on, n'a-t-il pas formellement assuré qu'il ne croit à aucun de ces faits extraordinaires ?..... » Et c'est avec de pareilles réticences, c'est en se payant de raisons aussi frivoles et en refusant de rien examiner sérieusement, c'est même en invoquant la sainteté de l'Evangile qu'on se soustrait à l'action divine qui voudrait sauver le monde ! Ne croirait-on pas plutôt voir ce malade qui se dit guéri dès que le médecin approche de son chevet, afin d'échapper au breuvage amer qu'il lui prépare et qui lui rendrait la vie ?

Le divin embarrasse ; il faut le reléguer, le laisser aux esprits faibles qui ont la naïveté d'y croire encore. Telle est la doctrine qui a généralement cours dans le monde. Ah ! ce prétendu respect que l'on invoque pour alléguer que Dieu ne saurait s'abaisser jusqu'à nous, ne ressemble-t-il pas beaucoup trop à la conduite de notre premier père coupable, qui se cachait devant le Seigneur, et ne répondait plus comme à l'ordinaire aux premiers accents de la voix divine ? On trouve que le Dieu qui est né dans une crèche et qui est mort sur une croix ne pourrait, sans manquer à sa dignité, nous parler par lui-même ou nous faire parler par ses anges et par ses saints, pour nous reprocher nos égarements sans nombre et nous avertir des fléaux qui nous menacent... Mais ce même Dieu craint-il donc tous les jours de s'humilier à la voix du prêtre pour descendre sur l'autel et passer de là dans des poitrines humaines ?

Ces prodiges incessants, ces anéantissements quotidiens d'un Dieu de gloire, ne sont-ils pas des miracles mille fois plus grands que ceux qu'on voudrait systématiquement nier, comme s'il y avait pour l'homme un point d'honneur à poser des bornes à la puissance divine ? Et n'est-il pas souverainement déplorable de voir des personnes pieuses ou consacrées à Dieu, des prêtres même partager ces vaines appréhensions et ces erreurs ?

Elargissons nos cœurs et nos âmes qu'un scepticisme égoïste aurait bientôt desséchés sans retour ; soyons humbles en présence des manifestations de la puissance divine dont nous ne pouvons sonder les secrets, et acceptons les prophéties et les miracles avec la reconnaissance que mérite cette divine rosée de dons célestes que Dieu répand sur l'Eglise.

Il suffit de faire ce qu'a recommandé l'Apôtre des Gentils : *examiner* d'abord et *choisir* ensuite.

§ 3.

Les prophéties doivent subir un contrôle sérieux, mais raisonnable; diverses causes de leur obscurité.

On doit tenir compte, dans cet examen, de la source dont émane une prophétie. Elle est en effet de foi divine lorsqu'elle est inscrite dans les saintes Ecritures; mais, alors même, les différentes interprétations qu'on en peut faire n'ont qu'une autorité relative, jusqu'à ce que l'Eglise porte une décision solennelle et infaillible sur la manière dont elle doit être entendue.

Il faut remarquer pourtant que cette décision n'a lieu que rarement, dans le cas d'une gravité tout exceptionnelle, et seulement pour des questions qui touchent au dogme ou à la morale.

En dehors du cercle des Livres saints, les prophéties particulières méritent une confiance qu'il ne faut pas exagérer sans doute, mais qui n'en est pas moins d'une importance extrême quand il est avéré qu'elles ont des caractères d'incontestable véracité. Il ne faut pas attendre, en effet, pour y ajouter foi, que l'Eglise les ait approuvées; car ce serait tomber dans une étrange illusion que de croire qu'elle ait l'obligation de sanctionner toutes les révélations, apparitions et miracles; et les rejeter pour cette seule raison qu'elle s'abstient dans sa profonde sagesse de rien décider sur ces matières, ce serait faire preuve d'un manque de discernement.

Nous avons parlé plus haut des répugnances rationalistes à croire au surnaturel ; puisque nous en sommes aux soins qu'il faut apporter à la recherche des preuves qui établissent l'authenticité d'une prophétie (une prophétie se constate comme les faits historiques), ne serait-il pas à propos aussi de dire en passant ce qu'il faut penser des personnes qui, malgré de graves autorités, ne veulent admettre que ce qu'elles ont vu par elles-mêmes ? Si une pareille méthode de constatation était jamais adoptée, que resterait-il debout dans la société ? Rien, pas même ces choses les plus vulgaires, que nous ne croyons pourtant invinciblement que sur le témoignage d'autrui.

Il faut donc un contrôle sérieux et non pas exagéré. Autant l'un est utile, autant l'autre entasse de ruines sans rien édifier jamais. C'est ainsi que saint Paul lui-même voulait que la foi des premiers chrétiens fût appuyée sur des motifs qui déterminassent l'adhésion de la raison (1). Elle n'était plus exposée de la sorte aux fluctuations qu'entraînent avec eux l'enthousiasme d'un moment et une exaltation passagère. Pour en faire des hommes indomptables, capables de résister à toutes les épreuves (merveille admirable que peut seule opérer la grâce divine), il estimait qu'il fallait aussi convaincre la raison, et Dieu, du reste, n'avait donné aux apôtres le don des miracles que pour attester devant les peuples leur mission surnaturelle. De même, pour retirer des prophéties les leçons salutaires qu'elles renferment, il faut asseoir sur elles un jugement solide. Pour cela, après avoir recherché tous les caractères d'authenticité humaine dont elles peuvent être entourées, il faut y

(1) Rationabile obsequium. (S. Paul.)

découvrir encore la marque et comme le sceau de la Divinité. Cette marque et ce sceau (1), qui ne peuvent nous induire en erreur, c'est, d'après l'Ecriture, la réalisation de ce qu'elles annoncent, et telle est leur garantie pour leurs passages qui regardent encore l'avenir.

En suivant cette marche rationnelle, nous éviterons de tomber dans les deux excès contraires, qui sont de croire trop vite ou trop difficilement. Les esprits raisonneurs, difficiles à l'excès, qui voudraient pour croire, comme dit le savant abbé Richaudeau, « qu'une prophétie non encore accomplie fût aussi claire que les faits les plus éclatants de l'histoire (2), » ne sont pas atteints d'une moins fâcheuse maladie que les esprits trop enthousiastes et trop faciles à séduire.

Une prophétie, en effet, est toujours, de sa nature, une chose obscure et mystérieuse ; et pour quelques points qui paraissent très-clairs, tous les autres restent enveloppés dans une ombre plus ou moins épaisse, jusqu'à ce que, l'événement prédit venant à s'accomplir, tout s'illumine d'un jour nouveau. Ceci est vrai non seulement des prophéties modernes, mais aussi de celles de l'Ancien Testament, et parmi ces dernières déjà accomplies, combien qui conservent encore des côtés difficiles à expliquer ! Il n'est point étonnant, en effet, que Dieu, qui annonçait la verité aux hommes par des figures et par des paraboles, comme nous le voyons à chaque page de l'E-

(1) Voir à ce sujet Moïse, Deuter., XVIII, 22. Isaïe, XLI, 22-23 ; XLIV, 7-8 ; XLVI, 10 ; XLVIII, 3-5. Jérémie, XXIX, 9.

(2) *La Prophétie de Blois*, par l'abbé Richaudeau.

vangile, afin de les accoutumer peu à peu à en supporter l'éclat sans en être éblouis, voulant aussi leur révéler des événements la plupart du temps terribles et redoutables, leur en ménage de même la connaissance en les leur montrant dans une prophétie dont le demi-jour est plus approprié à leur faiblesse.

Une seconde cause de l'obscurité des prophéties, c'est la défectuosité des instruments dont Dieu se sert ; « car, dit saint Thomas, l'esprit d'un prophète étant un instrument défectueux, les vrais prophètes eux-mêmes ne comprennent pas toujours ce que le Saint-Esprit leur inspire. »

Il en est une troisième : c'est le but que Dieu s'est proposé de briser par ces difficultés l'orgueil insensé de l'homme, qui veut tout scruter et tout approfondir, et qui ainsi, tout en entrevoyant la vérité, se trouve empêché de pénétrer plus avant dans l'intelligence de l'énigme divine. Alors il touche du doigt une force mystérieuse supérieure à lui-même, devant laquelle il est obligé de s'incliner et d'abaisser son front humilié. Du reste, ce ne sont pas les esprits fiers et présomptueux qui trouvent la clef de ces mystères. On lit quelque part dans l'Evangile ces paroles qui trouvent ici leur application : « Je vous rends grâces d'avoir caché ces choses aux prudents pour les révéler aux petits et aux humbles... (1) » Car, est-il dit ailleurs, « je confondrai la sagesse des sages et la prudence des prudents. »

Il y a enfin une dernière raison de l'obscurité des prophéties, inhérente à leur essence même, et dont

(1) S. Luc, c. x, v. 21.

Joseph de Maistre nous rendra parfaitement compte. Ecoutons ses paroles : « Le prophète jouissant du privilége de sortir du temps, ses idées n'étant plus distribuées dans la durée, se touchent en vertu de la simple analogie et se confondent, ce qui répand nécessairement une grande confusion dans ses discours. Le Sauveur lui-même se soumit à cet état, lorsque, livré volontairement à l'esprit prophétique, les idées analogues de grands désastres séparés du temps le conduisirent à mêler la destruction de Jérusalem à celle du monde. C'est encore ainsi que David, conduit par ses propres souffrances à méditer sur le juste persécuté, sort tout à coup du temps et s'écrie, présent à l'avenir : « Ils ont percé mes mains et mes « pieds ; ils ont compté mes os ; ils se sont partagé « mes habits ; ils ont jeté le sort sur mon vêtement. » (Ps. xxi, 17-19.) Un autre exemple non moins remarquable de cette marche prophétique se trouve dans le magnifique psaume lxxi. David, en prenant la plume, ne pensait qu'à Salomon ; mais bientôt l'idée du type se confondant dans son esprit avec celle du modèle, à peine est-il arrivé au cinquième verset que déjà il s'écrie : « Il durera autant que les astres ; » et l'enthousiasme croissant d'un instant à l'autre, il enfante un morceau superbe, unique en chaleur, en rapidité, en mouvement poétique (1). »

Et pourtant, malgré ces difficultés et ces ténèbres, voici saint Jean qui nous dit, en parlant du plus mystérieux et du plus obscur de tous les livres, comme pour nous inviter à ne pas nous arrêter à l'écorce qui rebute ceux qui approchent, mais qui recouvre des

(1) J. de Maistre, *Soirées*, in-8, p. 274.

enseignements divins : « Heureux celui qui lit et qui écoute les paroles de cette prophétie (1)! »

Il faut d'abord, en effet, *les lire et les écouter* attentivement pour ne point les interpréter d'une manière vicieuse et conforme à nos passions et à nos idées mesquines, car il en résulterait que la prophétie, refusant de se courber à nos caprices, frustrerait nos espérances.

C'est de cette façon que beaucoup d'esprits exaltés et superficiels furent étrangement déçus en 1848, et comme ils ne voulurent point convenir de leur erreur, ils en rendirent les prophéties responsables et portèrent leur découragement jusqu'à douter de la Providence.

Il faut ensuite *les lire et les écouter* pour retirer le fruit que Dieu a voulu attacher à leur connaissance et à leur cause.

§ 4.

But des prophéties; leur portée philosophique et morale.

Ce n'est point pour satisfaire ce besoin de toutes les natures imparfaites, qu'on appelle la curiosité, que Dieu daigne se communiquer à des âmes privilégiées dont il fait son organe auprès des hommes.

Il veut par là, premièrement, inviter les pécheurs à la pénitence, et provoquer, à la vue des fléaux que sa main vengeresse tient suspendus sur nos têtes, un efficace repentir et des larmes sincères. Comme un tendre père qui ne veut punir qu'à la dernière ex-

(1) Apocal., I, 3.

trémité et lorsqu'il se trouve à bout de ressources, après avoir épuisé tous les arguments de son amour, il invite, il exhorte, il menace, et va, pour ainsi dire, jusqu'à mendier nos prières pour fléchir et désarmer sa justice irritée. C'est qu'en effet les prophéties de malheur ne sont que comminatoires, et Dieu adoucit les fléaux qu'elles annoncent ou même en délivre entièrement, selon qu'il voit dans le peuple coupable plus ou moins de repentir ou d'œuvres expiatoires.

C'est ainsi que les prières des saintes âmes, de toutes ces vierges entre autres qui s'immolent dans les austérités du cloître pour le salut de leurs frères, et dont le monde aveugle se demande l'utilité, suspendent ou mitigent les coups que nos désordres devaient attirer sur nos têtes.

Les prophéties de bonheur s'accomplissent au contraire toujours, Dieu aimant surtout à faire éclater sa miséricorde ici-bas. Mais en cela est-il encore vrai de dire que cette miséricorde s'épanche avec plus ou moins d'abondance, et que, par suite, la prophétie s'accomplit avec plus ou moins d'intégralité, selon que la prière fait descendre sur la terre plus ou moins de ces grâces précieuses qui doivent la rendre féconde pour les biens du temps et pour le salut et la sanctification des âmes.

Le second but des prophéties, c'est la glorification de la Providence.

Il est des temps tellement troublés, en effet, que la marche ordinaire des choses se trouve comme suspendue pour faire place à une série d'événements plus inattendus et plus émouvants les uns que les autres.

Tantôt Dieu donne au mal une pleine liberté d'agir

selon ses desseins perfides, et rien, durant de longues années, ne viendra sensiblement avertir les hommes que la justice souveraine n'a point abdiqué, et que tôt ou tard elle frappera l'impiété triomphante. Le Seigneur semble sommeiller, tandis que le vaisseau vogue à la dérive.

Tantôt, au contraire, ce sont des calamités toujours plus multipliées qui sèment partout la désolation et l'épouvante, et si dans le premier cas l'homme est tenté de croire que Dieu ne préside plus au gouvernement de ce monde, il court grand risque, dans le second, de perdre la confiance et l'amour, et de ne plus considérer le Seigneur que comme un être sans entrailles pour son peuple.

Alors celui-ci, dans sa sagesse souveraine, prendra soin de nous préparer par la voix de ses prophètes à recevoir ses jugements redoutables (1). Il nous déléguera quelqu'un de ses amis, comme il envoya Joseph auprès de Pharaon. En l'entendant, les cœurs de bonne volonté s'inclineront pour bénir et pour adorer, en même temps qu'ils recevront l'intelligence pour découvrir quelques unes des raisons profondes qui ont déterminé la conduite cachée de sa Providence.

Les prophéties renferment en effet des jugements sur lesquels nous devons d'autant plus nous appuyer, que tout ce qu'elles ont annoncé s'est réalisé avec une précision plus grande. En tout temps nous avons besoin de ces appréciations divines sur les événements de ce monde. Elles élèvent les âmes et leur montrent

(1) Les malheurs qui surviennent, dit saint Grégoire le Grand, causent moins de troubles à proportion qu'ils ont été connus d'avance, et les coups frappent moins rudement quand on les a prévus. (*Homil.* xxv *in Evang.*)

les choses à un point de vue tout divin. C'est comme un écho qui vient redire à l'exilé le langage de la patrie. Mais c'est surtout aux époques où toutes les opinions semblent se contredire dans un effroyable désordre, qu'il est précieux de rencontrer ces aperçus surnaturels qui éclairent d'une lumière révélatrice les profonds abîmes de nos révolutions, et nous découvrent des horizons nouveaux et inconnus aux vaines spéculations de la prudence humaine.

Envisagées sous ce rapport, les prophéties ont donc une véritable valeur philosophique, car on peut alors les considérer comme un plan mystérieux d'un édifice qui se construira dans la suite du temps. Le plan a des secrets que nous ne comprenons parfaitement qu'à mesure que l'édifice s'élève, par la comparaison que nous établirons entre l'un et l'autre. Mais réciproquement, pour bien comprendre le monument, le plan ne nous est pas moins fort utile, parce que nous y voyons décrite à l'avance la raison secrète d'une foule de choses que nous ne pourrions sans cela que soupçonner. C'est ainsi que dans l'antiquité l'heureux mortel à qui aurait été révélée la disposition intérieure et le singulier mécanisme du colosse de Memnon, n'aurait point été surpris de voir le soleil, à son lever, faire jaillir des sons harmonieux de cette merveille de Thèbes.

Et nous qui avons sous notre main des trésors cachés dont nous ne songeons point à nous enrichir, qui possédons le plan des redoutables événements qui depuis près d'un siècle déroulent en France leurs phases extraordinaires, sans que personne songe sérieusement à recueillir les enseignements qu'il contient; nous qui, en présence de ces manifestations des jugements de Dieu, imitons la conduite des apôtres qui, le jour de la résurrection, doutaient toujours du grand miracle et se contentaient de dire : « Il y a bien quelques femmes qui nous ont raconté que le Seigneur était ressuscité; » secouons enfin notre torpeur, et ne disons plus seulement : « Il y en a bien quelques uns qui prétendent que Dieu avait fait annoncer ces événements. » Mais prenons le livre à notre tour et lisons; instruisons-nous au langage que Dieu a dicté aux saintes âmes qu'il a choisies pour nous communiquer les leçons augustes de sa sagesse, et après cette étude intelligente et consciencieuse, nous sentirons un courant nouveau d'idées fortes et vigoureuses circuler dans nos veines.

Souvent, en déroulant ces pages, nous entendrons une voix qui nous dira : « Brûle ce que tu as adoré et adore ce que tu as brûlé ! » Ce conquérant fameux qui a rempli toute l'Europe de la terreur de son nom, nous l'entendrons appeler, nonobstant tout l'encens que lui ont prodigué ses admirateurs, *le fouet sanguinolent du Seigneur* (1). Plusieurs attribuent à une *fatalité* malheureuse le cruel hiver de 1812 qui extermina la grande armée. Voici encore le prophète d'Orval qui nous annonce qu'elle ne périra que par le froid du Seigneur puissant (2). La victoire des libéraux qui arrachèrent en 1828 à la royauté chancelante ces trop célèbres ordonnances qui hâtèrent la chute du trône, nous verrons la prophétie la stigmatiser au nom du Seigneur; nous comprendrons que les larmes de l'Eglise sont comptées goutte à goutte, et que la Pro-

(1) *Prophétie d'Orval.* Voir plus bas, n° 43

(2) Id., nos 30 et 31.

vidence ne travaille et n'intervient ni pour les financiers opulents, ni pour les royautés fastueuses, mais qu'elle dirige toute chose en vue de ce *petit troupeau* qui est compté en ce monde comme un rebut, quoiqu'il soit le pivot et comme la raison déterminante des événements ici-bas. *Omnia propter electos*, tout pour les élus (1) !

Cette révolution qui fait à la religion la guerre la plus fatale et la plus perfide qui ait jamais été déclarée à la vérité ; ces principes dissolvants qui empoisonnent la doctrine et se sont répandus à longs flots par la liberté de la presse, par les mauvais livres et par l'enseignement universitaire qui étouffe et corrompt les intelligences à leur berceau ; les coups de la justice vengeresse ; *le miracle que Dieu va daigner opérer* en nous envoyant une ère de restauration et de résurrection générales après des désastres aussi inouïs, après des ruines aussi colossales ; le lys qui reparaîtra en même temps pour réunir en un seul corps les membres épars de cette France toute couverte du sang de ses propres enfants ; nous jugerons tout cela comme le spectateur qui, du haut d'une montagne élevée d'où il découvre toute la plaine, embrasse dans leur ensemble toutes les péripéties d'une bataille qui se livre à ses pieds, et ne perd aucun des principaux épisodes de cette émouvante tragédie.

Nous choisirons pour cette étude quelques unes des prophéties qui méritent le plus grand respect, et qui s'imposent par leur majesté et l'importance de

(1) Il est dit aussi : *Sed* propter electos *breviabuntur dies illi*. « Ces jours seront abrégés *à cause des élus*. » (S. Matthieu, XXIV.)

leurs discours, sans rien préjuger de toutes celles qu'on a imprimées dans des recueils rédigés *ad hoc*, où chacun pourra, selon son inspiration particulière, aller les consulter. Mais voulant faire ici, avant tout, une étude simple, substantielle et rapide, nous avons dû négliger bien des documents qu'il nous sera donné quelque jour peut-être d'interpréter plus à loisir. Plusieurs, du reste, de ceux qu'on publie manquent des caractères d'authenticité dont il faut toujours qu'ils soient revêtus pour s'imposer à la foi du public.

Durant le cours de cette étude, il nous arrivera parfois de nous appesantir plus longuement sur tel passage plutôt que sur tel autre. Parfois aussi les notes feront défaut lorsque la clarté du texte n'en demandera point pour son intelligence, nous souvenant qu'il est bon, de temps à autre, de laisser parler la vérité sans commentaire, car c'est alors qu'elle s'adresse à l'esprit du cœur (1).

(1) Spiritus cordis. (S. Luc., c. I.

SECONDE PARTIE.

Etude sur les prophéties modernes les plus remarquables jusqu'aux temps de l'Antechrist (1).

CHAPITRE I.

LA PROPHÉTIE D'ORVAL.

Il n'est aucune prophétie qui ait attiré l'attention de toute la France et dont la réputation soit mieux établie et plus populaire que celle d'Orval. Cela tient à l'extrême clarté de ses détails, et aussi à la précision merveilleuse avec laquelle elle s'est toujours accomplie. Il convient, par suite, de la choisir comme type dans ce travail et de l'étudier d'une façon plus particulière.

Avant d'aborder le texte, il est bon de dire quelque chose de son origine et de résumer les débats auxquels son authenticité a donné lieu; car s'il est vrai de dire que c'est elle qui a été la plus attaquée, sans doute à

(1) Comme nous l'avions promis dans la première édition qui s'est écoulée en quelques jours, nous avons donné, dans cette nouvelle édition, un développement plus complet à cette seconde partie.

cause de sa haute valeur et parce qu'on pensait porter un coup mortel à toutes les autres prophéties si l'on parvenait à renverser celle-là, il faut avouer aussi qu'elle a été toujours victorieusement défendue.

I

Critique historique.

L'abbaye d'Orval (*Aurea Vallis*), de l'ordre de Cîteaux, est située au milieu de la forêt de Chiny, dans le grand-duché de Luxembourg, à 12 kilomètres de Montmédy (Meuse). « Ce monastère, dit M. de Stenay dans *l'Avenir dévoilé*, était de la filiation de celui de Clairvaux par celui des Trois-Fontaines (Haute-Marne). Il fut fondé au commencement du XIIe siècle. Pillé et incendié en 1793, il n'en reste plus que des ruines, mais encore si importantes que les touristes et les archéologues aiment à les visiter (1). »

M. Amédée Nicolas, dans une récente brochure, pour venger la prophétie des attaques de la *Semaine liturgique* de Marseille, a résumé en quelques paragraphes l'historique des débats qu'a occasionnés cette prédiction.

« Elle fut publiée pour la première fois de nos jours, dit-il, le 20 juin 1839, par le *Journal des villes et des campagnes*, qui remplaça par des points le passage relatif à la chute du gouvernement de Juillet : « Mais « il n'était pas bien assis, et voilà que Dieu le jette « bas. »

« Le mois suivant, l'*Invariable* de Fribourg en

(1) *L'Avenir dévoilé*, par M. de Stenay, p. III.

Suisse profita de son impression à l'étranger pour donner, dans son quatorzième volume, le même texte avec les mots omis dans le journal que je viens de citer. Le 16 janvier 1840 parut l'*Oracle* pour 1840, édité par un prêtre sous le pseudonyme de « Henri Dujardin. » Ce petit livre, où se trouvait un mémoire de M. D***, curé de Belleville (Meuse), fournissait un texte un peu différent du premier, en ce que le futur était, presque partout, remplacé par le présent, que certains mots étaient substitués à d'autres, qu'au lieu de termes du milieu du XVIe siècle on en lisait de plus anciens, de surannés, et qu'il s'y trouvait de plus un alinéa entier ainsi conçu : « Dieu est saoul d'avoir baillé « des miséricordes; cependant il veut pour ses bons « prolonger la paix pendant dix fois douze lunes. »

« L'*Invariable* reproduisit cette deuxième version en 1840, dans son quinzième volume, et plusieurs suppléments à l'*Oracle* furent publiés successivement par M. Dujardin.

« De 1840 à 1848, on ne s'occupa de la prédiction que dans des cercles restreints et peu nombreux. Mais, à partir du 24 février, l'attention publique se reporta vivement sur elle ; chacun voulait la lire ou relire et la posséder. Ayant les deux textes imprimés dans l'*Invariable*, j'en laissai prendre, chez moi, environ 800 copies. D'autre part, ceux qui avaient en main l'*Oracle*, et qui savaient par là que le curé auteur du mémoire habitait dans le département de la Meuse, en écrivirent à Mgr l'évêque de Verdun, pour savoir ce qu'il fallait en penser. C'est ainsi, comme sur la demande de M. Dujardin lui-même faite tardivement, bien après l'apparition de l'*Oracle* et de ses suppléments, que ce prélat fut amené à s'informer, à interroger M. l'abbé

D***, et à écrire à ses confrères la lettre du 6 février 1849.

« La conclusion de cette lettre, dite confidentielle, et qui néanmoins se trouvait quelques jours après dans tous les journaux, ne fut pas approuvée par tous les hauts personnages auxquels elle était adressée.

« Mgr l'archevêque de Bordeaux, ayant appris son insolite publication, la remit le 3 mars à un membre de son chapitre, M. le chanoine Timothée Lacombe, prêtre pieux, instruit, versé dans ces matières et aussi théologien, afin qu'il l'étudiât et la discutât.

« M. Lacombe s'acquitta de la mission, et à la fin de l'année 1849, il adressa en réponse, à l'adresse de l'évêque de Verdun, quatre lettres formant un volume in-18 de 250 pages (1). »

Ces lettres formèrent une réponse victorieuse au jugement mal défini de l'évêque. Celui-ci, par une méprise inconcevable, avait confondu les changements opérés par un faussaire, lequel avouait, dans son mémoire, avoir fait des *altérations* par *substitution* et des *remplissages* à une pièce qu'il disait être d'inspiration divine, avec le texte authentique de la prophétie elle-même, et avait enveloppé le tout, sans examen, dans une condamnation générale.

Il résulte de l'ouvrage de M. Lacombe que si le nom de l'auteur de la prédiction nous est resté inconnu,

(1) *Les Prédictions modernes*, par M. Amédée Nicolas, pages 7 et 8. — L'ouvrage de M. Lacombe est intitulé : *la Prophétie d'Orval rendue à la publicité depuis l'an 1793 par des preuves matérielles, logiques et mathématiques appuyées par de nombreux témoignages contemporains déposés à la bibliothèque publique de Bordeaux*, par l'auteur de *Méfiance et Confiance pour les prophéties modernes*.

il n'en est pas moins certain qu'elle émanait probablement d'un religieux de l'abbaye d'Orval, où elle était du reste religieusement conservée.

En second lieu, que son texte était en vieux langage et tel que nous le possédons encore. Plusieurs attestations respectables disent qu'elle avait été primitivement écrite en latin.

Enfin M. Lacombe a réuni, en faveur de la prophétie, des masses de témoignages qu'on trouvera plus développés et augmentés dans la brochure de M. Amédée Nicolas, témoignages irrécusables qui prouvent qu'elle était connue dès 1793, selon le texte publié par le *Journal des villes et des campagnes* et par le quatorzième volume de l'*Invariable*, et qu'en conséquence l'auteur du mémoire avait bien pu *publier des copies altérées*, mais non *inventer le texte primitif*, que l'on *possédait sept ans avant la naissance du faussaire.*

Une fois les falsifications connues, il n'y avait rien de plus simple à faire que de les condamner pour restituer au texte primitif toute sa valeur. « Mais Mgr de « Verdun s'est si peu occupé de la prophétie elle- « même, que le mémoire lui révélant des altérations « par substitution et des remplissages, il ne s'est pas « enquis des termes primitifs, des blancs qui avaient « existé ; qu'il ne s'est pas informé s'il y avait eu des « additions ; que le curé lui ayant dit avoir « composé « la prédiction, depuis l'Empire, avec des lambeaux « d'anciennes prophéties empruntées à des recueils « inconnus (pour le public et non pour lui), » il n'a pas « demandé le titre de ces recueils, la distinction de ce « qu'on avait emprunté à chacun d'eux, et qu'il n'a « pas même discuté l'argument puissant qui naissait

« en faveur des *prévisions* (1) de leur accomplissement « littéral et complet depuis le mois de février 1828 « jusqu'au même mois de 1849, c'est-à-dire pendant « vingt et un ans consécutifs (2). »

Je mets en effet au défi d'avoir pu en février 1828 annoncer sans être prophète :

1° Les fameuses ordonnances du 16 juin.

2° Non seulement la chute de Charles X, qu'on aurait pu à la rigueur prévoir humainement.

3° Mais encore que celui qui lui succéderait serait un *grand*, qui ne prendrait pas le nom de *roi de France*, mais de *roi du peuple*, ou roi des Français.

4° Que la couronne serait posée sur sa tête *par mains d'ouvriers qui auront combattu dans Paris.*

5° Que cette révolution de Juillet *si funeste à l'Eglise* aurait un *retentissement général en Europe.*

6° Qu'au bout *de dix-huit ans de règne le roi du peuple serait jeté à bas.*

7° Qu'aucun roi ne lui succéderait, mais que *les fils de Brutus gouverneraient après lui jusqu'au moment où eux-mêmes seraient dévorés par les bêtes*, etc.

S'il est impossible qu'aucun homme ait pu savoir humainement des choses si imprévues, il est certain que nous sommes en présence d'une prophétie véritable.

Je citerai maintenant deux témoignages, tirés l'un de la brochure de M. Lacombe et l'autre de celle de M. Nicolas, pour les personnes qui, n'ayant pu se procurer ces ouvrages, désireraient avoir connaissance de

(1) La prophétie d'Orval est connue sous le titre de *Prévisions certaines révélées par Dieu à un solitaire pour la consolation des enfants de Dieu.*

(2) *Les Prédictions modernes*, par M. Nicolas, p. 17.

quelques unes des attestations qui prouvent l'existence de la prophétie dès l'année 1793.

Témoignages de Mgr l'évêque de Saint-Claude, émigré, et de M. Girod, son vicaire général, recueillis par M. A. Lacordaire.

« Mes fonctions m'ont mis en rapport avec Mgr l'évêque de Saint-Claude, l'un des derniers témoins vivants de certains faits qui paraissent établir d'une manière incontestable l'origine de cette prophétie d'Orval, et j'ai pu recueillir de la bouche même de ce vénérable vieillard, dont l'esprit a conservé toute son activité, des détails que je suis heureux de vous communiquer, vous priant, monsieur, de recevoir mes sincères excuses du long silence que j'ai cru devoir garder.

« *C'est à l'abbaye d'Orval même*, en 1793, que Mgr de Saint-Claude (1), alors en émigration, entendit pour la première fois parler de la prophétie, attribuée à un ancien moine de cette abbaye, et conservée, depuis plusieurs siècles, dans ses archives. Elle y fut lue devant lui et plus de quarante personnes étrangères au monastère, parmi lesquelles se trouvait un prêtre de ses amis fuyant, comme lui, la persécution.

« Cet ami demanda au supérieur et obtint de lui la permission de copier la pièce. Elle contenait non seulement ce qui est relatif à la Révolution française, mais encore tous les événements antérieurs, et en remontant jusqu'au personnage inspiré à qui on doit ces prévisions. La lecture en était difficile ; il fallait à

(1) Mgr de Chamont.

chaque instant chercher le sens des mots surannés, rétablir en plusieurs places le texte à demi effacé et faire une sorte de traduction. A ces difficultés s'ajoutait celle plus grave encore de l'intelligence de prévisions aussi compliquées, très-claires sans doute pour nous qui voyons les faits accomplis (du moins en grande partie), mais étranges, incroyables pour ceux qui ne les voyaient que *dans les futurs contingents*. Aussi la nombreuse compagnie devant laquelle se faisait cette lecture n'y porta pas grand intérêt.

« Quel était ce personnage mystérieux, cet homme d'outre-mer à qui la Providence réservait un si prodigieux rôle? Des gens sérieux ne pouvaient, disait-on, s'arrêter un instant devant une telle fantasmagorie... Tous n'éprouvèrent pas ce sentiment. Les deux amis, jugeant de l'importance de ces prévisions pour l'avenir par ce qu'il s'en était ponctuellement réalisé pendant un si grand nombre d'années, y reconnurent l'esprit prophétique. L'un d'eux vit même, en 1796, que Bonaparte pouvait bien être l'homme de la Providence, celui qui devait dominer les fils de Brutus et abaisser les hauts.

« Pressés par le temps, rebutés peut-être par la difficulté de la transcription, ils ne prirent que la partie des prévisions qui commence environ en 1796. Cette copie fut par eux emportée dans les pays où s'étendit l'émigration, puis communiquée à un grand nombre de personnes qui en prirent des copies plus ou moins fidèles, mais en général exactes quant aux faits principaux. Le texte, inséré dans l'*Invariable* à une époque récente (en 1840), a été communiqué au directeur de ce journal par la personne même qui se trouvait à l'abbaye d'Orval avec Mgr de Saint-Claude.

« Quelque temps après, Mgr de Saint-Claude arriva à Vienne (Autriche) et eut entre les mains le fameux livre de Holzhauser. Il y vit, avec une profonde surprise, que nombre de passages prophétiques coïncidaient avec la prophétie d'Orval, et présentaient la plupart des faits avec un développement plus grand que cette dernière. Il fit une traduction de ce livre en français, et fut aidé des conseils de huit évêques français, exilés comme lui et résidant à Vienne. Cette traduction, communiquée à la cour impériale, s'y trouvait encore à l'époque de la prise de Vienne par les Français. Elle y fut lue par Napoléon, passa de main en main parmi les personnes de sa suite, puis disparut et ne put être recouvrée par son auteur.

« Je crois, monsieur, vous avoir fidèlement rapporté ce qu'a bien voulu raconter Mgr l'évêque de Saint-Claude en présence de M. Girod, vicaire général, qui, de son côté, a eu la bonté de me communiquer une copie de la prophétie d'Orval *conservée depuis 1816 par M. le curé de la Rixouse, près Saint-Claude.* J'ai comparé cette copie au texte que vous donnez dans la deuxième partie de votre ouvrage, sous la lettre B, et je n'y ai trouvé aucune différence. » (A. Lacordaire, architecte diocésain de Besançon et de Saint-Claude, lettre datée de Savigny le 6 septembre 1849.)

« Il résulte des propres paroles de Mgr l'évêque de Saint-Claude que la copie faite sous ses yeux *sur le manuscrit original* par l'ami qui l'accompagnait alors en émigration, fut conservée par ce dernier, puis communiquée à un certain nombre de personnes qui purent à leur tour en prendre copie et répandre la prophétie tant en France que dans les divers lieux où s'étendit l'émigration. » (Le même, lettre du 16 septembre. Lacombe, pages 184 à 188.)

Témoignage de M. le marquis de la Sudrie, arrivé trop tard à M. Lacombe pour qu'il pût le copier, et publié par M. Nicolas.

« Je déclare qu'au mois d'août 1850, ayant appris par M. de Moncade, mon voisin et mon ami, que M. Timothée Lacombe, chanoine titulaire de Bordeaux, auquel j'avais déjà écrit relativement à la prophétie d'Orval, était en même temps que lui à Castera-de-Verduzan (Gers) pour l'usage des sources thermales, j'envoyai à ce dernier ma voiture en le priant de se rendre en mon château de la Salle, près Montréal, pour en conférer avec lui, et que là, vu ma difficulté d'écrire par raison de mon âge avancé (quatre-vingt-quatre ans), je l'engageai à reproduire lui-même fidèlement mes souvenirs sur ces objets, et que, le 21 du même mois, il écrivit sous ma dictée ce qui suit :

« Au mois d'août 1792, toutes les familles honorables de Lorraine, du Pays-Messin et des Trois-Evêchés se retiraient en masse dans le duché de Luxembourg voisin. Plusieurs colonnes de l'armée française s'avancèrent vers cette place comme pour la cerner. Le maréchal de Bender, qui la commandait, les attira dans les gorges de Bouillon.

« J'étais à Coblentz, à l'armée des princes, où je servais dans les mousquetaires.

« Je me rendis à Luxembourg pour voir les amis

que j'avais connus à Metz, où j'étais demeuré cinq ans en garnison dans le régiment de Bourbonnais. Je m'y trouvai même pendant trois ans avec Bonaparte, alors assez taciturne. Très-souvent au café j'échangeai ma gazette avec lui.

« Une nombreuse et illustre société, composée d'Allemands et de Français, et même d'un grand nombre de dames, était rassemblée, pendant une soirée des seuls trois jours que je demeurai à Luxembourg, dans les salons du maréchal de Bender; il y avait peut-être là deux cents personnes, car ses salons étaient tellement pleins qu'à peine pouvait-on y trouver un passage.

« Alors l'abbé d'Orval, suivi de deux ou trois religieux assez jeunes, se présenta au milieu d'eux et parla au maréchal de Bender, âgé de plus de soixante ans, d'une prophétie très-singulière. Le maréchal s'en moqua en tournant les talons d'un air dédaigneux et se retira dans une autre salle. Les invités, au nombre desquels était M. de Beaurepaire, chanoine de Metz, avec toute sa famille, exprimèrent un vif désir de connaître cette prophétie. M. de Ficquelmont, lieutenant au régiment de Nassau infanterie, s'offrit de la lire en même temps en allemand et en français. Il avait un organe très-sonore.

« Alors chacun de nous se mit en devoir d'écrire sur des tables à jeu placées le long des murs. M. de Ficquelmont se tenait debout sur deux chaises, un pied sur l'une et un sur l'autre, à un des angles. Tout le monde l'engagea à négliger ce qui était déjà arrivé, comme la mort du roi Stanislas, duc de Lorraine, et à passer sous silence la mort de Louis XVI, qui y était annoncée.

« Mme la comtesse de Beaurepaire ; Mme de Rosilleul, née de Rancourt, à Metz ; Mlle de Courcelles, de Nancy, qui avait épousé M. de Lamothe, commissaire des guerres à Metz ; M. de la Salle, commissaire ordonnateur à Metz, et un grand nombre d'autres personnes qualifiées en prirent copie. Je ne demeurai que trois jours à Luxembourg et repartis pour Coblentz sans me représenter chez le maréchal de Bender.

« J'accordai des transcriptions de ma copie à plusieurs personnes, entre autres à M. de Coucy de Montréal ; au marquis d'Oraisons, capitaine des chasseurs, sortant des carabiniers de France ; à M. de la Chamardière, ancien mousquetaire ; à M. d'Aon, ancien mousquetaire de Normandie. M. de Coatquen, marquis de Mallais, en prit une copie à Andemach, ainsi que le marquis de Villeneuve, des environs de Toulouse ; le vicomte de Vergennes, qui commandait la 5e brigade des mousquetaires ; M. de la Sudrie, major d'infanterie, et presque tous les officiers du régiment de Bourbonnais et partie de ceux de Beauvoisis, qui formaient les compagnies nos 6 et 13 des chasseurs nobles de l'armée de Condé, où j'ai fait mon service pendant les années 1794, 95, 96 et 97.

« Certifié véritable, au château de la Salle, près Montréal, le 16 janvier 1851.

« Signé : Mis DE LA SUDRIE,

« *Chevalier de Saint-Louis* (1). »

(1) *Les Prédictions modernes devant la* Semaine liturgique *de Marseille*, par M. A. Nicolas, p. 32-33.

II

Texte vrai de la prédiction d'Orval, avec notes et développements.

En ce temps-là un jeune homme venu d'outre-mer (1) dans le pays du Celte-Gaulois (2) se manifestera par conseils de force (3); mais les grands qu'il

---

(1) Napoléon Bonaparte, 2e fils de Charles Bonaparte et de Letizia Ramolino, né à Ajaccio le 15 août 1769, entré à l'école de Brienne en 1779, d'où en 1784 il passa à l'école militaire de Paris, fut nommé sous-lieutenant d'artillerie dès 1785, à l'âge de seize ans, et passa capitaine en 1793 pour avoir canonné les Marseillais fédéralistes.

(2) La France est appelée le pays du Celte-Gaulois parce que les Celtes (*Celtæ*), peuple issu de la race indo-germanique, après s'être répandus de l'est à l'ouest dans la partie centrale de l'Europe, se fixèrent en grandes masses dans les Gaules, et y formèrent des établissements qui conservèrent leur nom. Selon plusieurs auteurs, le nom de *Gall* ou *Gaël* (Gallus) est synonyme de Celte demeurant dans les Gaules; selon d'autres, il désigne la population indigène primitive, avec laquelle les Celtes, qui ne seraient autre chose que les Kymris, partagèrent le pays. Quoi qu'il en soit, ce sont les Gallo-Celtes qui formèrent la population primitive de la France actuelle.

(3) Le prophète ne pouvait désigner par une expression plus heureuse la prudence consommée et la force que manifesta Bonaparte dès les premiers jours. Nommé colonel en 1793 au siége de Toulon, il eut une part essentielle à la prise de cette ville sur les Anglais, et en fut récompensé par le grade de général de brigade. Choisi pour

ombragera (4) l'enverront guerroyer dans la terre de la captivité (5). La victoire (6) le ramènera au pays premier (7). Les fils de Brutus (8) moult stupides seront à son approche (9), car il les dominera (10), et prendra nom empereur (11). Moult hauts et puissants rois seront en crainte vraie (12), et son aigle enlèvera moult sceptres et moult couronnes (13). Piétons et cavaliers portant aigle et sang, autant que moucherons dans les airs, courront avec lui dans toute l'Eu-

---

second par Barras durant l'insurrection parisienne du 13 vendémiaire (5 octobre 1795) contre la Convention, il mitrailla les insurgés devant Saint-Roch, leur tua 1,200 hommes, et obtint en récompense le grade de général de division. L'année suivante, il reçut le commandement en chef de l'armée d'Italie, alors battue, désorganisée et sans argent, et en un an il mit en pleine déroute et détruisit cinq armées, chacune plus forte que la sienne.

(4) Des succès aussi rapides et aussi glorieux, l'enthousiasme populaire pour le jeune général, et l'affection de l'armée qu'il savait électriser, effrayèrent bientôt le Directoire, qui résolut d'écarter un homme qui lui portait ombrage, et pouvait d'un jour à l'autre prétendre à s'emparer du pouvoir à son profit.

(5) Aussi, le 19 mai 1798, Bonaparte s'embarquait à Toulon avec une flotte de quatre cents voiles. On l'avait chargé de diriger en Egypte (terre de la captivité des Hébreux) une expédition qui coloniserait ce pays une fois conquis, et serait un point d'appui pour attaquer les Anglais dans l'Inde. Le Directoire pensait par ce moyen se débarrasser de Bonaparte pour longtemps.

(6) Il prit Alexandrie, gagna la bataille des Pyramides, et soumit tout le pays.

(7) Il s'embarqua pour la France le 22 août 1799, traversa,

rope, qui sera moult ébahie et moult sanglante (14). Il sera tant fort que Dieu sera cru guerroyer d'avec

---

malgré les vaisseaux anglais, la Méditerranée sans encombre dans toute sa longueur, débarqua sur les côtes de Provence à l'improviste, et arriva droit à Paris sans avoir subi de quarantaine.

(8) *Les fils de Brutus.* Ce n'est pas sans raison que le prophète appelle de ce nom les républicains. De tout temps Brutus, à cause de l'assassinat de César, a passé pour le type accompli du républicain *démocrate.* Du reste, cette expression offre un tel caractère de justesse, que Lamartine lui-même s'en est servi précisément pour le fait qui nous occupe. Il dit en effet en parlant de l'arrivée au pouvoir de Bonaparte :

D'un peuple de Brutus la gloire te fit roi! (*Médit.*)

(9) Le Directoire était désorganisé ; il était tombé dans le discrédit, et les factions n'avaient aucun chef capable. La république déjà languissante touchait à sa dernière heure, et tout le monde sentait que la Révolution française devait, suivant le sort attaché à toutes les révolutions démocratiques, finir par le despotisme militaire et tomber entre les mains d'un général plus adroit, ou plus audacieux, ou plus heureux que les autres. Bonaparte, rappelé en France par une faction déjà puissante et soutenu par l'éclat de ses victoires, résolut de tenter la fortune; aussi ce ne fut pas sans un sinistre pressentiment que les purs républicains le virent arriver à Paris.

(10) Bonaparte devint bientôt le centre d'un parti puissant. Aidé de Sieyes, de son frère Lucien, du général Leclerc, il renversa le Directoire à la fameuse journée du 18 brumaire an VIII (9 novembre 1799), se fit nommer premier consul pour dix ans, et se donna pour collègues deux hommes prêts à le seconder, Cambacérès et Lebrun.

(11) Le sénat, qui l'avait nommé consul à vie en 1802, le

lui (15). L'Eglise de Dieu moult désolée (16) se consolera tant peu, en voyant ouvrir encore les tem-

---

proclama empereur en 1804 le 18 mai ; et il fut sacré en cette qualité, sous le nom de Napoléon, par le pape Pie V , venu à Paris exprès pour cette cérémonie (2 décembre).

(12) Les puissances de l'Europe, victorieuses de la France durant les derniers jours du Directoire, ne virent pas dans le nouvel ordre de choses une raison de poser les armes. Elles redoublèrent leurs efforts et parvinrent à chasser les Français d'Italie. Mais Bonaparte rétablit la fortune des armes françaises, détruisit les armées autrichiennes, et conclut un traité avec cette puissance en 1801, et l'année suivante avec l'Angleterre aux abois. L'Italie était conquise.

(13) A peine nommé empereur, que l'année suivante il se fit proclamer roi d'Italie. Par la paix de Presbourg, qui mit fin aux hostilités contre l'Angleterre, l'Autriche, la Russie et les Deux-Siciles, il ajouta au royaume d'Italie les Etats de Venise, créa en faveur de ses alliés les royaumes de Wurtemberg et de Bavière. Le roi des Deux-Siciles Ferdinand IV, dépouillé du royaume de Naples (1806), céda la place à Joseph Bonaparte. Louis Bonaparte devint roi de Hollande. La Confédération du Rhin prit naissance; quatorze princes y accédèrent, l'empire d'Allemagne cessa, et Napoléon, sous le titre de protecteur, fut officiellement reconnu président perpétuel de cette agglomération de princes, qui tous devaient prendre part à ses guerres et l'appeler à leur secours en cas d'attaque.

En vertu de la paix de Tilsitt signée par Alexandre et Napoléon, celui-ci dépouilla la monarchie prussienne de la moitié de ses provinces, donna à Jérôme Bonaparte le royaume de Westphalie, changea la Saxe en royaume, et de la Prusse polonaise fit le grand-duché de Varsovie. Des articles secrets autorisaient la Russie à s'emparer de la Finlande, ce qu'elle mit à exécution en 1809, et la France à s'adjuger l'Espagne, dont Napoléon donna la couronne à son frère Joseph en

ples (17) à ses brebis tout plein égarées (18) ; et Dieu sera béni (19).

1808. En 1807, la Toscane fut réunie à l'empire et le Portugal envahi. Enfin, après la bataille de Wagram, Napoléon prit à la monarchie autrichienne les provinces illyriennes.

(14) Qui pourra dépeindre la consternation de l'Europe à la vue des maux sans nombre qu'entraînaient des guerres si effroyables, alors que Bonaparte versait sans relâche par torrents le sang humain sur tous les champs de bataille de l'Europe? La guerre d'Espagne *seule* devora en cinq ans (1808-1813) 400,000 soldats français, allemands, italiens et polonais, sans compter les Espagnols qui succombèrent dans les combats contre les envahisseurs!...

(15) Il semble que l'on entende les paroles que le Seigneur disait à Isaïe : « ... Ma vengeance est entre mes mains. Je l'enverrai contre une nation perfide, contre le peuple de ma colère. Qu'il s'enrichisse de ses dépouilles, qu'il le mette au pillage, qu'il le foule aux pieds comme la boue !... Son cœur ne respirera que le ravage et la ruine des nations. Il dira : « Les grands de ma maison ne sont-ils pas autant de « rois?... J'ai réuni sous ma puissance tous les peuples « de la terre comme on rassemble des œufs abandonnés. »

(16) Depuis 1792, l'anarchie régnait dans l'Eglise de France, qui était en proie aux conventionnels et aux intrus.

(17) Concordat avec Pie VII en 1801. La joie de l'Eglise n'est pas pleine. «Elle se consolera tant peu,» dit le prophète. En effet, les articles organiques insidieusement ajoutés au Corcordat par Bonaparte, et contre lesquels protesta vainement Pie VII, n'étaient pas de nature à faire bien augurer des sentiments religieux de l'empereur. Aussi des jours mauvais ne tardèrent-ils pas à s'élever pour l'Eglise.

(18) Dans quel état se trouvait la religion en France après une révolution aussi inouïe et une persécution qui avait obligé la plupart des prêtres à s'exiler, et avait forcé durant

Mais c'est fait : les lunes seront passées (20) ; le vieillard de Sion (21) maltraité (22) criera à Dieu (23),

---

plusieurs années à ne plus offrir le saint sacrifice que dans les caves, en présence de témoins rares et choisis !...

(19) L'Eglise de France une fois réorganisée et ayant désormais une existence légale, Dieu sera béni dans les temples rendus au culte et dans le cœur des fidèles, qui remercieront le Seigneur de ce bienfait.

(20) Mais le temps de prospérité pour l'Eglise ne sera pas de longue durée.

(21) C'est à juste titre que le Pape est appelé *le vieillard de Sion*. En effet, les Souverains Pontifes sont presque toujours des vieillards, et Pie VII, dont il s'agit ici, avait soixante ans lorsqu'il monta sur le trône de Pierre. Et puis tous les prêtres sont appelés *vieillards* (πρέσβυς, dont on a fait *prêtre*, veut dire ancien, vieillard), et le Souverain Pontife possédant la plénitude du sacerdoce est le vieillard ou prêtre par excellence. L'Eglise est la nouvelle Sion ; elle a remplacé la Synagogue infidèle.

(22) En 1805, six mois après que le Pape eut quitté la France, les troupes de Napoléon s'étaient emparées de la ville d'Ancône, et se rendirent aussi maîtresses des principautés de Bénévent et de Ponte-Corvo appartenant aux Etats de l'Eglise. Le 2 février 1808, l'armée française entra à Rome sous les ordres du général Miollis, le collége des cardinaux fut dispersé, et le 17 mai 1809 un décret impérial soumit les Etats-Romains au gouvernement français : la spoliation était consommée. Le 6 juillet de la même année, une heure avant l'aurore, les troupes s'emparèrent de toutes les issues du Quirinal ; un attroupement composé de repris de justice et de la lie des faubourgs donna l'assaut aux murailles de l'édifice. Les portes furent enfoncées à coups de hache, et les soldats de Miollis, ayant à leur tête le général Radet, pénétrèrent dans les appartements. Sur le refus du

et voilà que le puissant sera aveuglé (24) pour péchés et crimes (25). Il quittera la grande ville (26)

Pape de consentir à la renonciation de ses droits sur les Etats de l'Eglise, on le fit monter à la porte du palais avec le cardinal Pacca dans une voiture qu'un gendarme ferma à clef, et on partit pour la France. Les marches furent tellement précipitées et forcées, que la voiture se brisa en chemin, et que le Pape, au milieu des infirmités de son âge, eut énormément à souffrir des chaleurs de la saison la plus brûlante. Le Souverain Pontife et son ministre n'emportèrent qu'environ quarante sous. A Turin, Pie VII se trouva mal. Amené d'abord à Grenoble, où on le sépara du cardinal dévoué qui le consolait dans l'exil, il fut ensuite conduit à Savone.

(23) Pie VII, dans l'excès de ses douleurs, n'eut de refuge qu'en Dieu, mais ce ne fut point en vain qu'il cria vers lui. Le 9 juin 1812, il reçut l'ordre de se préparer pour rentrer en France; il fut contraint par ses persécuteurs de changer d'habits, afin qu'on ne pût le reconnaître en route et que les populations ne changeassent point son voyage en triomphe. On avait perfectionné la manière de le tourmenter. On le fit partir dans la matinée du 10. Après un pénible voyage, sans aucun repos, il arriva à l'hospice du mont Cenis pendant la nuit. Il y tomba si dangereusement malade, que les officiers qui l'escortaient crurent devoir transmettre cette nouvelle au gouvernement de Turin. Ordre leur fut enjoint de poursuivre la route. En conséquence, quoique le Pape vînt de recevoir l'Extrême-Onction dans la matinée du 14, la nuit suivante on lui fit continuer son voyage. Le Pontife survécut à tant d'outrages et de barbarie. On marchait jour et nuit. Le 20 juin au matin, on arriva à Fontainebleau. Pendant tout ce trajet, il ne sortit pas de voiture, et quand il devait prendre quelque nourriture, on la lui portait dans le carrosse, qu'on fermait à clef dans les remises de la poste

avec une armée si belle que aucune fut jamais si pareille (27). Mais oncques guerroyer (28) ne tiendra

---

des villes les moins peuplées. Lorsque Pie VII arriva à Fontainebleau, le concierge ne put l'admettre parce qu'il n'en avait pas encore reçu l'ordre du ministère de Paris, et on conduisit le Pape dans une maison voisine. Napoléon se proposait, en le rapprochant de Paris, de l'entourer de personnes qui, à force d'instances et de sollicitations, l'engageassent à consentir à toutes ses propositions.

(24) Le 24 juin, Napoléon passa le Niémen; il s'avança de là dans la Lithuanie, et Wilna devint le poste d'où il s'élança dans le cœur de la Russie. Uniquement occupé à chercher l'armée russe qui fuyait devant lui, il s'enfonça dans le pays ennemi, sans souci des moyens d'assurer le retour et le salut de ses troupes. Déjà toute la Pologné était entre les Français et leurs magasins ; souvent ils se trouvaient réduits à des racines et à l'eau des marais qu'ils rencontraient. On passa la Dwina, puis le Dnieper, mais les Russes incendièrent la ville de Smolensk, et les vainqueurs ne possédèrent que des ruines (18 août). On s'était flatté que Napoléon, déjà à six cents lieues de la France, se bornerait à ces conquêtes, et attendrait le printemps pour s'engager dans des climats sauvages où la disette et l'hiver ne pourraient tarder à devenir ses plus cruels ennemis. Mais il passa outre, et s'aventura, sans magasins, sans vivres, sans hôpitaux, sur une route déserte... Dieu avait entendu la plainte de son Vicaire et de son Eglise ; il allait briser la verge dont il avait flagellé le monde.

(25) Outre les crimes qui signalèrent les derniers jours du Consulat, à savoir : la mort de Pichegru, étranglé en prison par la main du bourreau, et l'exil de Moreau, deux rivaux qui lui paraissaient redoutables, et surtout l'assassinat du duc d'Enghien, arrêté en Allemagne contre le droit des gens, ramené en France et fusillé dans les fossés de Vin-

bon devant la face du temps (29) ; la tierce part et encore la tierce part de son armée périra par le froid (30) du Seigneur (31) puissant.

---

cennes, il faut signaler les guerres injustes et surtout celle d'Espagne, la spoliation des biens de l'Eglise, les horribles traitements infligés à Pie VII, l'intrusion dans le domaine spirituel et la persécution des ministres de l'Eglise, le divorce et l'adultère.

(26) La grande ville, c'est la capitale de l'empire, Paris. Départ de Napoléon pour la campagne de Russie le 9 mars 1812.

(27) Napoléon quitta la France à la tête de 450,000 hommes, la plus belle armée qui ait jamais existé. En même temps il réunit, de gré ou de force, sous ses drapeaux les troupes de toutes les puissances d'Allemagne, du Wurtemberg, de la Westphalie, de la Bavière, de la Saxe, de la Prusse, de l'Autriche elle-même, et bientôt il se trouva prêt à entrer en Russie, traînant à sa suite 780,000 hommes, 176,000 chevaux et 1,200 pièces de canon.

(28) *Oncques guerroyer*, aucun guerrier.

(29) Au fléau de la famine vint s'ajouter, le 6 novembre, celui d'un froid d'une excessive rigueur, et la neige commença à tomber sur la terre à gros flocons. Les soldats, enveloppés dans des tourbillons de neige, mal chaussés, à demi nus, sans nourriture et sans boisson, tombaient sur la terre, et le soir, accablés de fatigue, se couchaient pour ne plus se relever. On ne les distinguait bientôt plus qu'aux monceaux de neige qui recouvraient leurs cadavres, et qui, sur toute la route, formaient des ondulations semblables à celles des cimetières.

(30) A Smolensk, on ne trouva que des ruines et point de pain ; il fallut camper dans les rues par un froid de 22 degrés. Bientôt après le thermomètre descendit à 26 degrés. Enfin au passage de la Bérésina périt presque tout ce qui restait d'une si formidable armée.

Alors deux lustres (32) seront passés depuis le siècle de la désolation (33) ; les veuves et les orphelins crieront à Dieu (34), et voilà que les hauts abaissés

---

(31) Bonaparte, écrivant au vice-roi d'Italie une lettre où il se plaignait amèrement du Pape, avait tracé ces lignes : « Que peut faire Pie VII en me dénonçant à la chrétienté? Mettre mon trône en interdit, m'excommunier? *Pense-t-on alors que les armes tomberont des mains de mes soldats?* » Il ne comptait pas avec les fléaux de Dieu : *Nix, glacies, spiritus procellarum, quæ faciunt verbum ejus* (Ps. 148) ; il ne pensait pas que la neige, les glaces, le feu et les tempêtes obéissent à sa voix. Or, à quelque temps de là, voilà que « tout, jusqu'à leurs armes, encore offensives à Malo-Jarolasvitz, mais depuis seulement défensives, se tourna contre eux-mêmes ; elles parurent à leurs bras engourdis un poids insupportable. Dans les chutes fréquentes qu'ils faisaient, *elles s'échappaient de leurs mains*, elles se brisaient ou se perdaient dans la neige. S'ils se relevaient, c'était sans elles ; car *ils ne les jetèrent point, la faim et le froid les leur arrachèrent.* » (Ségur, liv. IX, ch. XI.) Ainsi le Seigneur puissant s'était chargé de combattre pour son ministre faible et désarmé.

(32) Dix ans.

(33) Le prophète, après avoir décrit les désastres de la grande armée, en arrive immédiatement à désigner les événements de 1814 comme étant leur conséquence et leur conclusion. Il fait en effet durer le *siècle de désolation* jusqu'en 1804, époque de la proclamation de l'Empire, considérant la période qui suivit le 18 brumaire comme une des phases du mouvement révolutionnaire qui depuis 1789 avait revêtu des formes si différentes, parce que les fils de Brutus étaient censés conserver le pouvoir sous le Consulat. Et, du reste, il n'est pas moins certain que ce fut pour monter sur le trône que Bonaparte dut alors donner comme gage à la Ré-

reprendront force (35); ils s'uniront (36) pour abattre l'homme tant redouté.

---

volution, c'est-à-dire aux jacobins et aux régicides, le sang du petit-fils du grand Condé. Deux lustres, ou dix ans, ajoutés à 1804, donnent 1814.

(34) Le prophète reprend le détail des événements qui ont amené directement les événements de 1814. Dieu se laisse toucher par les cris des veuves et des orphelins, qui demandent au ciel vengeance contre tant de sang injustement répandu.

(35) En conséquence, il permet que les puissances de l'Europe, jusque là abaissées sous le sceptre de fer de Bonaparte, reprennent leur force contre lui. Wellington, à la tête des troupes anglaises, espagnoles et portugaises, chasse, en Espagne, les Français devant lui, et détruit l'armée de Joseph à la bataille de Vittoria (1813).

(36) Toutes les puissances de l'Europe, y compris l'Autriche, malgré les liens qui l'attachent à Bonaparte, se coalisent contre lui. Bernadotte entre dans la ligue européenne, et conduit contre sa patrie un corps de 25,000 Suédois.

(37) Battu à Leipsick par les alliés, Napoléon rentre à Paris le 9 novembre 1813. Pendant que leur armée se disposait à passer le Rhin, Wellington au midi, vainqueur des Français, entamait le territoire national le 10 novembre. L'année 1813 n'était pas expirée que plus de 400,000 étrangers armés foulaient le sol de la France, qui fut partout envahi.

(38) Ce n'est pas sans raison que le descendant des Bourbons, Louis XVIII, est appelé *le vieux sang des siècles;* car depuis Hugues Capet, chef de la troisième race de nos rois, la couronne de France avait toujours été portée, durant une période de huit siècles, par les petits-fils de ce roi.

Le 30 mars 1814 Paris capitulait, et le 31 Alexandre et Guillaume y faisaient leur entrée solennelle au milieu d'une

Voici venir avec maints guerroyers (37) le vieux sang des siècles (38), qui reprendra place et lieu en la

---

foule de princes et de généraux, suivis de 50,000 hommes.

(39) Le 1er avril, la municipalité de Paris renonça, par un acte solennel, à l'obéissance à Napoléon, et redemanda Louis XVIII. Le lendemain, le sénat fit la même renonciation ; une députation alla chercher le roi en Angleterre. Ce fut le 25 avril qu'il quitta Douvres et mit à la voile. Le 3 mai, il fit son entrée à Paris, dans une calèche découverte, avec les princes du sang. Les généraux, les seigneurs, les magistrats, tous les grands personnages de l'Etat formaient le cortége. Les spectateurs étaient de toutes les nations de l'Europe, qui, mêlés et confondus parmi des millions de Français, partageaient leur ivresse, et semblaient ne plus former avec eux en ce moment qu'un même peuple.

(40) Rien ne saurait égaler l'abaissement profond dans lequel tomba tout à coup Bonaparte. L'histoire nous a conservé des détails qui montrent mieux que par les paroles combien son humiliation fut grande lorsqu'il traversa la France pour se rendre à l'île d'Elbe ; nous en citerons quelques uns, extraits de l'*Histoire de la Restauration* et des *Terribles Châtiments des révolutionnaires*.

Le 20 avril, Napoléon quitta Fontainebleau avec les quatre commissaires désignés par les puissances coalisées pour l'accompagner jusqu'au port de l'embarquement. Le 24, à midi, on rencontra, près de Valence, le maréchal Augereau. Napoléon et le maréchal descendirent de voiture et allèrent au devant l'un de l'autre. Ils s'embrassèrent ; mais tandis que le premier ôta son chapeau, *le second resta tête couverte*. Ce qu'il respectait dans son ancien souverain, c'était la puissance et non un droit ; cette puissance tombée, il se retrouvait de niveau avec lui, et, reprenant la fierté républicaine, *il tutoya l'empereur*, qui l'avait tutoyé en lui reprochant sa proclamation injurieuse contre lui, et lui rendit

grande ville (39). Alors l'homme tant redouté s'en ira tout abaissé (40) dans le pays d'outre-mer d'où il était advenu (41).

Dieu seul est grand (42)! La lune onzième n'aura

---

reproche pour reproche en lui rappelant l'ambition insatiable à laquelle il avait sacrifié la France. Napoléon ennuyé se retourna brusquement de son côté, l'embrassa encore, le salua et se jeta dans la voiture. *Augereau, les mains derrière le dos, le laissa partir, sans même porter la main à sa casquette de voyage;* et lorsque l'empereur fut monté en voiture, il lui fit pour tout adieu un geste équivoque. Depuis Orange, où le cortége passa, il fut accueilli par les cris de *Vive le roi!* auxquels se mêlaient des imprécations contre l'empereur déchu. A Orgon, on éleva une potence avec un mannequin tout couvert de sang devant l'auberge où les voitures devaient relayer. Les mères, les orphelins et les veuves lui redemandaient leurs maris, leurs pères et leurs enfants. Le comte Schouwaloff, pour sauver la vie de Napoléon, dut haranguer la multitude en furie; il lui représenta « le profond abaissement de celui qu'elle voulait punir, » ajoutant que « *le mépris était la seule arme* qu'on dût employer contre un homme qui avait cessé d'être dangereux. » La relation Waldbourg ajoute : « *L'empereur se cachait derrière le général Bertrand le plus qu'il pouvait;* il était pâle, défait, et ne disait mot. Il fit des *signes d'approbation* à Schouwaloff, et le remercia du service qu'il lui avait rendu en apaisant le peuple. A un quart de lieue d'Orgon, Napoléon crut nécessaire à sa sûreté de prendre un déguisement; il se revêtit d'une mauvaise redingote bleue, se couvrit la tête d'un chapeau rond avec *une cocarde blanche,* et monta sur un cheval de poste pour galoper devant la voiture en se faisant passer pour un courrier. Toute sa suite, depuis le général jusqu'au marmiton, dit la relation, était couverte de cocardes blanches. Puis il eut l'idée de revêtir

pas encore relui, et le fouet sanguinolent du Seigneur reviendra en la grande ville (43); le vieux sang quittera la grande ville (44).

Dieu seul est grand ! Il aime (45) son peuple et a

---

l'uniforme autrichien du général Kolher, et, pour dérouter les soupçons, il sollicita de ses compagnons des marques de familiarité; il demanda au cochér du général Kolher de fumer, et au général de chanter ou de siffler dans la voiture. C'est ainsi qu'il arriva à Saint-Maximin, *jouant toujours le rôle de général autrichien, tandis que l'aide-de-camp du général Schouwaloff, le major Olewieff, prenait sa place dans la voiture, et jouait, à sa prière, celui d'empereur.* »

(41) Napoléon était sorti d'un pays d'outre-mer, et il était condamné à retourner dans un pays d'outre-mer. Il avait abdiqué à Fontainebleau le 4 avril, et reçu, en echange du grand empire qu'il perdait, la propriété de la petite île d'Elbe, dans la Méditerranée.

(42) Après avoir raconté la chute ignominieuse de Napoléon et la restauration de l'ordre en France, le prophète ne peut retenir cette exclamation : *Dieu seul est grand !* en présence des maux que les Cent Jours vont de nouveau accumuler en France. C'est que l'homme, en effet, peut bien connaître quelques unes des raisons qui portent la Providence à permettre ces malheurs ; et ce sont surtout, sans aucun doute, le manque d'actions de grâces pour la délivrance du joug de Bonaparte et l'impiété des hommes qui l'ont alors emporté dans la balance de la justice divine. Mais après cela nous sommes obligés de dire encore : « Que ses jugements sont impénétrables et ses voies incompréhensibles ! » (Saint Paul aux Romains, chap. XI.)

(43) Napoléon était parti pour l'île d'Elbe le 20 avril 1814 ; *la lune onzième n'aura pas encore relui*, c'est-à-dire qu'il n'y avait pas encore onze mois complets depuis son départ lorsque le fouet sanglant du Seigneur rentra en

le sang en haine (46). La cinquième (47) lune reluira sur maints et maints (48) guerroyers d'O-

---

France. Napoléon quitta l'île d'Elbe le 26 février 1815, et se dirigea vers Cannes. Le prophète suppute par mois lunaires; ils ont une durée d'environ vingt-neuf jours et demi.

(44) Louis XVIII, trahi par les uns, abandonné par les autres, se vit contraint de quitter Paris et de prendre le chemin de la Flandre. Le lendemain 20 mars, Napoléon se présenta le soir aux portes de la capitale et y entra aux acclamations de ses partisans.

(45) Si Dieu n'avait pas aimé son peuple, il l'aurait livré sans merci à la verge de l'oppresseur. Mais cette verge devait châtier son enfant rebelle et ne point le frapper jusqu'à lui donner la mort.

(46) Puisque Dieu a le sang en haine et ne frappe que pour convertir, comment concevoir ces historiens qui exaltent les conquérants qui passent comme l'ouragan, ne laissant que des débris, jusqu'à les placer au rang des demidieux? « Quand Brennus, dit le P. Lacordaire, jetait son « épée dans la balance au pied du Capitole, alors la force « pesait dans les destinées du monde. Mais depuis que le « sang de Jésus-Christ est tombé dans cette balance, rien « ne peut plus en contrebalancer le poids; et quand le der- « nier des Césars voulut, il y a quelques années, y jeter son « épée, il la retira brisée et en tronçons. »

(47) Napoléon quitta l'île d'Elbe le 26 février et débarqua en France le 1er mars. Le 18 juin, il était battu à Waterloo, et, le 6 juillet, les alliés rentraient dans Paris. La supputation du prophète se trouve donc réalisée.

(48) A peine Napoléon avait-il remis le pied en France que la coalition se reforma contre lui.

(49) Les Autrichiens, les Prussiens et les Russes, formant les trois quarts des alliés, sont situés à l'orient de la France.

rient (49) ; la Gaule est couverte d'hommes et de machines de guerre (50). C'est fait de l'homme de

---

(50) Wellington entra brusquement en France à la suite des débris de l'armée fugitive. Le 6 juillet, les alliés firent leur entrée à Paris.

(51) Napoléon, venu du pays d'outre-mer, croyant à la magnanimité des Anglais, se confia à eux le 15 juillet à Rochefort sur *le Bellérophon*. Il comptait que l'Anglèterre lui accorderait l'hospitalité; mais le cabinet anglais le déclara prisonnier de la coalition, et fut chargé par les alliés de le garder à Sainte-Hélène, située au milieu de l'Océan Atlantique. (*Homme de mer*.)

(52-53) Louis XVIII rentra à Paris le 5 juillet. Il est appelé *homme de la Cap,* comme descendant de Hugues *Capet.*

(54) C'est pour le bonheur de la France que la paix lui est rendue avec son roi légitime. La Restauration avait une grande mission à remplir : non seulement elle devait unir et pacifier, mais encore rétablir la religion, travailler à la conversion de la France et au salut des âmes. La suite nous montrera que c'est pour avoir failli à leur mission que les Bourbons perdirent la couronne.

(55) La fleur de lys est l'armoirie des rois de France, et par suite le symbole de leur royauté.

(56) La joie renaît dans la maison du Seigneur. En effet, en 1814 et en 1815, on publie une loi sur l'observation du dimanche et des fêtes ; puis les processions de la Fête-Dieu, interrompues en beaucoup d'endroits, et notamment à Paris, sont rétablies; les congrégations religieuses se reforment; les Jésuites rentrent en France; les missions, abolies par un décret de Napoléon en 1809, sont reconstituées, et de zélés missionnaires parcourent le pays, recueillant partout des fruits abondants de leurs travaux; enfin, en 1822, le concordat signé le 11 juin 1817 entre le roi et

mer (51); voici venir encore le vieux sang (52) de l'homme de la Cap (53).

Pie VII finit par être en partie adopté par la Chambre, et le Pape statue qu'il y aurait dans le royaume quatorze archevêchés et soixante-dix évêchés.

(57) C'est un enseignement utile que de voir la Révolution poursuivre d'une égale haine les deux autorités légitimes qui gouvernent ce monde au nom de l'autorité même de Dieu : le Pape et le roi.

Le parti révolutionnaire, vaincu mais non découragé, méditait dans l'ombre le moyen de renverser le gouvernement et d'arrêter l'essor du bien pour replonger la France dans de nouveaux malheurs; il s'unit en conséquence au libéralisme et fit cause commune avec lui. L'opposition dynastique, fortifiée et encouragée par les faiblesses du pouvoir, devenait toujours plus menaçante. Ce dernier tolérait une foule de publications impies et incendiaires, et les excès de la presse libérale et irréligieuse, qui corrompait de plus en plus l'opinion publique; ce devait être sa perte.

(58) En 1815, Talleyrand, parlant à Louis XVIII des moyens à employer pour pacifier les esprits et consolider le trône, donna ce conseil au roi : « Sire, Votre Majesté espère se maintenir aux Tuileries; il importe donc de « prendre des précautions. Une sage et forte éducation peut « seule préparer les générations nouvelles à ce calme intérieur dont chacun proclame le besoin. Le remède le plus « efficace pour y arriver sans secousse, c'est la reconstitution légale de la Compagnie de Jésus. » Non seulement ce conseil ne fut pas suivi, mais bientôt les Jésuites, rentrés en France par le bénéfice du droit commun octroyé par la Charte, étant les ennemis les plus redoutables de l'esprit révolutionnaire, devinrent l'objet des attaques les plus furieuses des vétérans de 93. L'orage allait toujours grossissant, lorsqu'en 1828 l'opposition obtint la majorité dans la

Dieu veut la paix et que son saint nom soit béni (54).
Or, paix grande sera dans le pays du Celte-Gaulois ;

Chambre. Alors elle arrêta la marche du gouvernement et lui imposa ses conditions. Le ministère Villèle se retira, refusant de s'y soumettre. Celui qui le remplaça, le ministère de Martignac, Portalis et Feutrier, fut obligé de les accepter. Les conditions imposées au gouvernement par l'opposition et le libéralisme constituent les deux fameuses ordonnances du 16 juin 1828, lancées contre les Jésuites et contre les séminaires. La première, contresignée par le comte Portalis, ministre de la justice, statuait qu'à partir du 1er octobre, les huit maisons d'éducation dirigées par les Jésuites seraient soumises au régime de l'Université, et que dorénavant nul ne pourrait enseigner, s'il n'affirmait par écrit n'appartenir à aucune congrégation non légalement établie en France. La seconde, contresignée par M. Feutrier, évêque de Beauvais, ministre des affaires ecclésiastiques, portait que le nombre des séminaires serait limité dans chaque diocèse, que celui de tous les élèves ne dépasserait jamais vingt mille, qu'aucun externe n'y serait admis, et que chaque élève serait tenu de porter l'habit ecclésiastique.

(59) Jamais, même durant les plus mauvais jours de la persécution de l'Eglise sous les empereurs païens de Rome antique, une ordonnance aussi contraire au droit naturel et divin n'avait été portée.

(60) L'Université a été le moyen le plus affreusement satanique employé par l'enfer pour déchristianiser et anéantir la France. Qu'on juge de ses effets démoralisateurs sur les intelligences par ces quelques extraits d'un rapport adressé à Mgr l'archevêque de *** par les aumôniers des collèges royaux de ***, rapport fait peu après 1830 et publié dans l'*Invariable* par un des signataires. Les aumôniers déclarent tout d'abord à l'archevêque qu'ils vont ne

la fleur (55) blanche sera en honneur moult grand ; les maisons de Dieu ouïront moult saints cantiques (56).

---

lui donner qu'une *peinture affaiblie* du triste état de la religion dans leurs colléges.

« 1° Les aumôniers sont dans un abattement profond et « dans un dégoût qu'aucun terme ne saurait exprimer, à « cause de l'impuissance presque absolue de leur ministère, « quoiqu'ils n'aient négligé ni soins ni études pour le ren-« dre fructueux.

« 2° Les enfants qui leur sont confiés sont à peine entrés « à l'Université, que déjà les bons sentiments qu'ils ont « puisés dans leurs familles commencent à s'altérer.

« 3° S'il en est quelques uns qui demeurent fidèles à « leurs premiers sentiments, ils cherchent à les cacher « comme un secret funeste. On les verra demander grâce « en mille façons de valoir un peu mieux que leurs condis-« ciples. Le respect humain fatigue ainsi ces âmes tendres « par une persécution sourde et continuelle, quelquefois « même plus ouverte.

« 4° Leur foi n'a pas encore péri, mais un peu plus tard, « entre quatorze et quinze ans révolus, nos efforts devien-« nent inutiles.

« 5° Or, ce n'est ni l'indifférence ni les passions seules « qui les amènent à un oubli général et si précoce de leur « Dieu, mais *une incrédulité positive*. Comment, en effet, « croiraient-ils, en voyant tant de mépris pour la religion, « en prêtant l'oreille, tous les jours de leur vie, à des dis-« cours si contradictoires, en ne trouvant de christianisme « qu'à la chapelle, et encore un christianisme vide, de « pure forme et comme officiel ?

« 6° Enfin, quand le cours de leurs études est achevé, « parmi ceux qui sortent de rhétorique ou de philosophie, « faut-il dire combien il en est dont la foi se soit conser-« vée et qui la mettent en pratique ? Il en est environ cha-« que année *un par collége*. » (*L'Invariable*, 1832.)

Mais les fils de Brutus, haïssant (57) la fleur blanche, obtiennent règlements puissants (58), dont Dieu est

---

En entendant ce rapport, on peut connaître l'esprit de tous les établissements universitaires, et ici on peut dire avec le poëte : *Ab uno disce omnes !*

(61) Les lois sur l'observation du dimanche n'étaient point exécutées ; l'impiété régnait partout triomphante.

(62) Avec un pareil état de choses, la Restauration n'était plus la Restauration, mais un gouvernement qui marchait dans la voie des révolutions. Aussi n'avait-elle plus sa raison d'être, et Dieu allait renverser le trône de Charles X. Néanmoins, avant de frapper les grands coups de sa colère sur la France coupable, calamités qui sont réservées à nos jours, Dieu veut éprouver, dans sa longanimité, si les hommes reviendront à lui.

(63) Dix-huit fois douze lunes donnent un produit de 216 lunes. Cette période de temps, calculée à partir du 4 août 1830, époque de l'abdication de Charles X et de la renonciation du Dauphin à la couronne en faveur du duc de Bordeaux, nous amène à février 1848. C'est le laps de temps que régna Louis-Philippe.

(64) Qui ne verrait la main de Dieu et n'adorerait les secrets de sa justice à la vue de tant de catastrophes politiques accomplies en si peu d'années ?

(65) Dieu utilise tout pour purifier ses élus, et les malheurs publics servent à épurer son Eglise, dont le pèlerinage en ce monde n'est qu'une lutte continuelle, et dont le triomphe sera d'autant plus éclatant que ses tribulations auront été plus graves.

(66) Il est des heures où le pouvoir est donné à l'homme ennemi pour dévaster le champ du père de famille, et il est bon de rappeler aux hommes que « le Seigneur ne laissera pas toujours impunément la verge des pécheurs s'appesantir sur les justes, de peur que ceux-ci ne tombent eux-mêmes

moult encore fâché (59), à cause des siens (60) ; le grand jour est encore profané (61). Ce pourtant Dieu

---

dans l'iniquité. » (Psaume 124.) Cet avertissement est surtout nécessaire dans la bouche du prophète au moment où il va raconter le règne de Louis-Philippe, dont la prospérité matérielle couvrait une si grande corruption.

(67) Le prophète s'était interrompu après avoir supputé les années du règne de Louis-Philippe, et le sujet l'avait entraîné à des réflexions morales. Il va reprendre maintenant le fil de l'histoire et raconter la chute de Charles X.

(68) Charles X.

(69) Tout s'embrouillait autour du roi. A peine le libéralisme eut-il obtenu les ordonnances de 1828 qu'il tenta d'autres succès. Les journaux de l'opposition hurlaient toujours de plus en plus fort, et le roi effrayé changea de ministres. Le 8 août 1829, le prince de Polignac devint le chef du ministère. Le nouveau cabinet travailla de suite et de toutes ses forces à arrêter la révolution, mais une force occulte dirigeait tout le plan d'attaque contre la royauté, et la franc-maçonnerie, se cachant derrière le rideau, et ne trompant que ceux qui ont des yeux pour ne point voir, avait depuis longtemps disposé ses batteries de telle sorte, que les derniers remparts qui protégeaient la royauté devaient s'écrouler à l'heure dite. A cette époque, les feuilles libérales, qui, fidèles au conseil de Voltaire : *Mentez, mentez, il en restera toujours quelque chose*, avaient déjà dirigé, les années précédentes, un assaut en règle contre les Jésuites, allant jusqu'à affirmer que d'innombrables Jésuites, renfermés dans les caves de Montrouge, y faisaient jour et nuit l'exercice, que le général de la Compagnie y résidait avec sa cour, que des souterrains communiquaient de Montrouge aux Tuileries, et que l'on y érigeait la corruption en principe (Crétineau-Joly, *Histoire des Jésuites*, tome VI) ; ces mêmes journaux se sont plu à voir autour

veut éprouver le retour (62) par dix-huit fois douze lunes (63).

---

de Charles X une petite *camarilla* de femmes, de dévots et de Jésuites, à la tête de laquelle était le nonce du Pape, harcelant, obsédant sans cesse le vieux roi, et le poussant d'une manière aveugle à des mesures politiques. Mais Crétineau-Joly et Henrion ont démontré la profonde absurdité de ces discours.

(70) Le 3 août 1830, *le pauvre vieux sang de la Cap*, Charles X sortit de Paris, et s'achemina vers Cherbourg avec toute sa famille à petits pas et au grand jour, avec la dignité d'un roi, accompagné de sa maison militaire et d'un grand nombre de serviteurs dévoués formant une suite de plus de mille hommes armés.

(71) Ce n'est pas sans raison que *les fils de Brutus* mirent à leur tête Louis-Philippe, car il était fait à leur ressemblance. Il était jeune quand le siècle de Voltaire finissait par la guillotine. Il profita de sa jeunesse pour se faire admettre au club des Jacobins et recevoir la qualité d'huissier du club. Devenu général de la république française, il signait : *Louis-Philippe-Egalité, prince français pour son malheur, et jacobin jusqu'au bout des ongles.*

(72) Les serviteurs de Dieu crient vers lui, car la franc-maçonnerie, parvenue au pouvoir, ne négligea rien pour blesser au cœur l'Eglise de France; et pour mieux accomplir ses projets, elle fit tous ses efforts pour tarir les vocations au sacerdoce. Plusieurs séminaires, grands et petits, furent violemment fermés; on vit les huit mille demi-bourses créées par une ordonnance du 16 juin 1828 en faveur des écoles secondaires et ecclésiastiques supprimées; la célébration des fêtes autres que les quatre consacrées par l'indult du cardinal Caprara fut interdite, la société des missionnaires de France détruite, la procession de l'Assomption pour le vœu de Louis XIII défendue. En même temps le

Dieu seul est grand (64) ! Il purge son peuple par maintes tribulations (65); mais toujours les mauvais

---

clergé était conspué dans des écrits obscènes, plusieurs évêques ne devaient leur salut qu'à la fuite ; dans un seul diocèse M. Roselly de Lorgues compte seize curés, dans un autre quarante, qui sont en péril de mort et chassés de leur demeure. Des personnes la haine s'étend aux édifices. Outre l'Archevêché de Paris saccagé et démoli de fond en comble, la cathédrale violée, les ornements sacrés traînés sur les boulevards dans une procession dérisoire, l'église de Blois est envahie et souillée ; les maisons religieuses du Saint-Esprit, de Saint-Lazare, du Mont-Valérien, les séminaires de Conflans près Paris, de Perpignan, de Metz, de Nancy, de Pont-à-Mousson, de Verdun, etc., sont ou saccagés ou vidés de force. A Strasbourg, Cahors, Nancy, Autun, Narbonne, Saintes, Dijon, Chartres, etc., des forcenés, comprenant qu'il ne s'agit pas seulement de l'expulsion du roi légitime, mais aussi de celle du Dieu unique qui gêne leur conscience, abattent le signe du salut et ne laissent pas une croix debout. En différents endroits, on fait subir au Christ d'infâmes outrages, et à Paris la croix est précipitée dans la Seine, après le sac de l'Archevêché, aux cris de trois cent mille spectateurs, tandis que l'autorité assiste impassible, l'arme au bras ! Enfin Voltaire reçoit alors les derniers honneurs, et sa statue est élevée des deniers publics au fronton de Sainte-Geneviève, d'où l'on avait arraché la croix.

(73) Mais Dieu, malgré les prières des justes, laissera s'accomplir ces événements et la révolution suivre son cours. (Voir n° 74 et le n° 102.)

(74) Ce n'est point par impuissance ni par manque d'amour pour son Eglise que Dieu agit ainsi. Il est patient parce qu'il est éternel, mais malheur quand sa colère s'allumera ! Il restera sourd jusqu'à la chute de Napoléon III;

auront fin (66). En ce temps-là (67), une grande conspiration contre la fleur blanche (68) cheminera

---

comme l'indique la suite de la prophétie. (Voir n° 102.) Durant tout ce temps, sa colère s'accumule, et il aiguise ses flèches pour en transpercer, au jour des vengeances, le sein des mauvais.

(75) La révolution de 1830 n'est donc point un bienfait, comme l'ont prétendu les libéraux ; c'est un malheur pour la France.

(76) Emblème des armes de la maison d'Orléans.

(77) Charles X. La fleur de lys est le symbole de la branche aînée des Bourbons.

(78) Louis-Philippe, duc d'Orléans, avait été nommé lieutenant-général du royaume par le roi le 31 juillet 1830.

(79) Le 7 août, la Chambre des députés déclare le trône vacant, et y appelle Louis-Philippe, qui accepte la couronne le 9 du même mois. Il est dit roi du peuple, car il ne prit pas le titre de roi *de France*, mais simplement de roi *des Français*. Appelé au pouvoir par la franc-maçonnerie, il avilit le trône en y portant ses instincts populaciers d'autrefois.

On le vit en effet monter sur un balcon, entonner comme un histrion *la Marseillaise* aux sons d'un clavecin tenu par sa sœur, tandis que la reine battait la mesure, en face d'une multitude avinée qui criait : *Bis !* et il recommençait. Il adopta pour gouverner une politique intermédiaire et bâtarde qui reçut le nom de *juste milieu*. Ce système oblitéra bientôt en France le sentiment de la justice et la rectitude du jugement, en faussant les caractères.

(80) Gens (*gens*, nation en latin) signifie les nations. La révolution de 1830, à cause, comme dit le prophète, de son origine démagogique et des ramifications des sociétés secrètes, eut un contre-coup en Pologne, en Allemagne, en

dans l'ombre par mains de compagnies (69) maudites, et le pauvre vieux sang quittera la grande ville (70),

---

Portugal, en Espagne, en Belgique, qui se sépara de la Hollande, etc. En janvier 1831, Louis-Napoléon et son frère étaient à la tête des insurgés contre le Pape dans la Romagne.

(81) Le 25 juillet 1830, Charles X signa les célèbres ordonnances en vertu de son pouvoir constituant, consigné dans l'article 14 de la Charte; elles expliquaient d'une manière utile et devenue nécessaire les dispositions de la constitution. Il est étrange que le prince de Polignac ait compris l'opportunité de ce coup d'Etat, et n'ait pas compris en même temps qu'il était indispensable de prendre des mesures pour en assurer le succès, tant on est forcé de voir la main de Dieu dans ces événements extraordinaires! Il n'y avait pas six mille hommes de troupes à Paris. Aussi, les 27, 28 et 29 juillet, une insurrection formidable éclata dans la capitale, sous la direction de Lafayette, nommé commandant de la garde nationale, et un gouvernement provisoire fut installé à l'Hôtel-de-Ville.

(82) Que les méchants ne se réjouissent pas trop de leurs succès; car ils n'ont triomphé qu'avec la *permission de Dieu*, et leurs jours sont comptés. (Voir n°s 83 et 84.)

(83) Voir ci-dessus le n° 72 et plus bas 85.

(84) Car leur temps est court.

(85) On avait cru que sur le terrain de l'impiété on pourrait asseoir les bases d'une entente solide, et que les fondements de l'Etat seraient d'autant mieux à l'abri, qu'ils reposeraient uniquement sur des lois dont Dieu serait banni, sans penser que celles-ci seraient d'autant moins respectées qu'elles n'auraient aucune sanction morale. Le 7 du mois d'août, la Chambre des députés avait modifié la Charte constitutionnelle. L'article 6 ainsi conçu : « La religion catholique, apostolique et romaine est la religion de l'Etat, » est retranché. On se contente de reconnaître un fait, savoir : que cette re-

et moult grandiront les fils de Brutus (71). Les serviteurs de Dieu crieront tout plein à Dieu (72), mais

---

ligion est celle de la majorité des Français. « Depuis lors, dit « Mgr Parisis, l'Etat, considéré dans ses lois, dans son gou-« vernement, n'est plus et ne peut plus être ni catholique, « ni protestant, ni chrétien, ni juif; il fut, et, quels que « soient les sentiments personnels de ceux qui le compo-« sent, il est forcé d'être rationaliste. »

N'ayant plus pour régner les bases solides et immuables de la justice et de la religion. Louis-Philippe fut obligé de recourir aux expédients. D'abord ils lui réussirent, et le succès de quelques ruses diplomatiques l'aveuglait sur des dangers sérieux auxquels était exposée sa couronne. Il s'était appuyé sur la bourgeoisie qui lui était dévouée ; mais en même temps il proclamait en toute occasion les principes révolutionnaires, et parce qu'il luttait contre leur développement, il s'imaginait qu'il n'avait rien à craindre. Néanmoins des symptômes évidents de dissolution frappaient l'observateur attentif : la religion et la morale étaient négligées, méprisées comme inutiles ; tous les penchants destructeurs étaient favorisés, excités. Louis-Philippe croyait avoir fait avec eux un traité d'alliance défensive, mais la logique a des droits imprescriptibles, et les principes révolutionnaires ayant été proclamés, il fallait que les conséquences fussent tirées. L'opposition avait rallié tous les partis. Les chefs étaient presque tous attachés à la dynastie régnante, mais ils voulaient renverser le ministère et arriver au pouvoir sans s'inquiéter des dangers que pouvaient faire naître les moyens qu'ils employaient. Ils demandaient une réforme électorale que le gouvernement s'obstinait à refuser ; ils avaient organisé un banquet qui devait servir de démonstration politique et qui devait avoir lieu le 22 février 1848. Le gouvernement refusa de l'autoriser pour prouver qu'il était le maître.

(86) Louis-Philippe se montra, dans son gouvernement,

Dieu pour ce jour-là sera sourd (73), parce qu'il retrempera ses flèches pour bientôt les mettre au sein des mauvais (74).

---

faible et chancelant, et ses commencements furent pénibles. Charles X, dans sa chute, avait entraîné les soutiens moraux de l'ordre public. Le trône nouveau avait été proclamé et accepté comme fondé sur le principe révolutionnaire. Les masses que la tempête de 1830 avait soulevées restèrent longtemps agitées. Au mois de février 1831, durant le sac de Saint-Germain l'Auxerrois et de l'Archevêché, l'autorité, impuissante à rien réprimer, demeura tranquille spectatrice de ces odieuses profanations.

(87) Cette situation ne pouvait cependant durer plus longtemps sans exposer la France à une dissolution complète; il fallait d'ailleurs calmer les défiances de l'Europe. Dans ce but, Louis-Philippe appela au ministère Casimir Périer, homme énergique (1831), qui se mit à l'œuvre avec courage et réussit à arrêter les progrès de l'esprit anarchique. Les démagogues ne cédèrent pas sans essayer une résistance désespérée; des tentatives insurrectionnelles eurent lieu en différentes villes, notamment à Lyon, à Saint-Etienne et à Paris, et furent comprimées par la force.

(88) Le flot révolutionnaire l'avait porté au pouvoir, et il demandait à des expédients politiques la sécurité qu'on ne trouve que dans les principes de la morale et de la religion. (Voir n° 125.)

(89) Tout est dépeint fidèlement dans cette manière dont le prophète annonce la chute de Louis-Philippe; on ne pouvait en faire une description plus exacte en si peu de mots. Louis-Philippe est tombé comme une statue qu'on précipite du piédestal, et dont les débris tombent dans la fange sans que nul n'en prenne souci davantage. Du 22 au 24 février 1848, l'insurrection éclate; des barricades s'élèvent dans les rues de Paris, et le soulèvement devient général.

Malheur (75) au Celte-Gaulois! Le coq (76) effacera la fleur blanche (77), et un grand (78) s'appellera roi du peuple (79). Grande commotion se fera

---

Les troupes, recevant continuellement des ordres et des contre-ordres, restent sans direction. Louis-Philippe, épouvanté et ne sachant quel parti prendre, perd la tête au bruit de la fusillade qui l'environne de toutes parts, et abdique en faveur du comte de Paris. La duchesse d'Orléans se présente à la Chambre des députés, menant ses deux fils par la main pour réclamer la régence ; mais en même temps une bande nombreuse d'assassins se précipite dans la salle, couchant en joue les députés dont la plupart prennent la fuite, et les insurgés proclament pêle-mêle, avec ceux qui restent, la déchéance des Bourbons d'Orléans. Louis-Philippe, déguisé en ouvrier, s'échappe par une porte dérobée des Tuileries, et ne s'arrête dans sa fuite que lorsqu'il est hors de France. « Cette insurrection était du genre de celles que « décrit Tacite. Peu la conçurent, la plupart la voulaient, « tous la souffrirent. » Elle prend Louis-Philippe d'Orléans pour point de mire, et alors elle était une justice du ciel ; car la puissance sans droit est la plus détestable chose qu'on puisse imaginer.

« L'insurrection éclatait par des moqueries ; elle débordait par des jeux de mots ; elle sonnait ses fanfares à coups de sifflet. Le monde a reconnu tout de suite quelle main frappait ; chacun a senti que ce qu'elle abattait ne se relèverait pas. Tous se sont courbés, tant la Providence se manifestait terrible, juste, logique. » (Louis Veuillot.)

(90) Le prophète entend les hurlements des démagogues, les vrais fils de Brutus, qui avaient réussi à saisir le pouvoir. Pendant que Louis-Philippe partait pour l'exil et qu'on proclamait à l'Hôtel-de-Ville le gouvernement provisoire, le roi usurpateur emportait avec lui les dernières épaves de l'autorité. Tout dès lors fut mis en question, les bases mêmes

sentir chez les gens (80), parce que la couronne sera placée par mains d'ouvriers qui auront guerroyé dans la grande ville (81).

---

de la société, la famille, le droit de succession, le droit de propriété. Nous devions tous être égaux et de droit et de fait, riches ou pauvres, savants ou ignorants, laborieux ou paresseux, grands ou petits. Rien n'était merveilleux comme d'entendre déraisonner partout sur ces importants sujets, ou de lire ce que les écrivains en disaient. C'est ainsi que la société recueillait le fruit du règne précédent, où, après avoir brisé une fois de plus le principe de l'autorité en renversant une dynastie huit fois séculaire, la bourgeoisie avait cru pouvoir s'endormir avec sécurité dans le naturalisme et dans la possession des biens présents. Le riche, comme dit M. Nicolas, s'était renfermé dans sa fortune, l'industriel dans ses spéculations, l'ambitieux dans son poste, l'homme d'Etat dans son pouvoir, la société tout entière dans la vie matérielle; on croyait en avoir fini avec les *vieux* dogmes, et on les ensevelissait avec honneur ; on n'avait pas chassé Dieu, mais on n'en tenait à peu près nul compte ; on s'était arrangé entre un certain respect extérieur et un mépris secret ; on se faisait un spectacle des éloquentes protestations de M. de Montalembert, et on les lui passait pour le plaisir de les entendre ; Eugène Sue était lu avec fureur ; on tolérait les réclamations de l'épiscopat, et on donnait le mot d'ordre aux professeurs de philosophie contre la religion, et aux instituteurs de campagne contre les curés. On croyait pouvoir se passer de Dieu et conjurer le désordre par la corruption. Mais on comptait sans les appétits féroces de la populace, qui réclamait elle aussi sa part au festin de la vie, et qui attendait, frémissante et poussant des cris de rage, que son tour arrivât pour savourer à longs traits les joies dont le spectacle avait attisé dans son cœur les feux de la convoitise.

Dieu seul est grand (82)! Le règne des méchants sera vu croître (83), mais qu'ils se hâtent (84)! Voilà que les pensées du Celte-Gaulois se choquent, et que

---

(91) Les élections générales eurent lieu le 23 avril. Il en sortit une Assemblée nationale dont le premier soin fut de proclamer la république; mais rien n'était mûr ni préparé pour une semblable forme de gouvernement, qui ne peut point s'accommoder avec une vieille société chez qui on a détruit le principe de l'autorité.

Pour le plus grand nombre, la république n'était qu'une tempête politique qui devait causer beaucoup de naufrages dont les épaves pourraient les enrichir. Les flots populaires demeuraient toujours agités ; le 15 mai, un attroupement de factieux fit irruption dans la salle de l'Assemblée des représentants et en chassa les députés. Comprimés par la garde nationale, ils reprirent bientôt les armes et résolurent de faire une tentative suprême pour renverser le pouvoir. La guerre civile ensanglanta les rues de Paris durant quatre jours ; mais enfin l'armée, énergiquement secondée par la garde nationale, triompha sur tous les points (26 juin). Grand nombre de généraux furent tués, quelques uns même assassinés pendant la sanglante collision, où périt aussi Mgr Affre, archevêque de Paris, qui s'était rendu sur les barricades pour prêcher la paix.

(92-92 *bis*) Le 10 décembre 1848, la présidence fut décernée à Charles-Louis-Napoléon Bonaparte, et le 2 décembre 1851, il fit son coup d'Etat, par lequel il prononça la dissolution de l'Assemblée nationale et *mengea les fils de Brutus*.

La démagogie ne se tint pas pour battue ; trente-deux départements se soulevèrent, mais le mouvement fut comprimé, et le 21 du même mois, la France approuva par son vote cette nouvelle révolution qui venait de s'accomplir. Par crainte des anarchistes, on se jeta dans les bras hypo-

grande division est dans leur entendement (85). Le roi du peuple assis sera vu en abord moult faible (86), et pourtant contre ira bien des méchants (87). Mais

---

crites de cet homme dont l'existence n'était déjà qu'un tissu de crimes, et sa main, qui avait manié le poignard en Italie dans les ventes du carbonarisme, où il avait été, durant sa ténébreuse existence, mêlé à toutes les infamies et à tous les complots, devait tenir en France le sceptre du pouvoir. Voilà à quel degré d'humiliation descendait la nation très-chrétienne, qui, aux jours de sa foi, avait des souverains glorieux et respectés qu'on appelait dans l'Europe *le Roi*, comme si tout autre titre ajouté à celui-là avait pu en affaiblir la majesté souveraine.

Napoléon ayant quitté l'Angleterre criblé de dettes, avait saisi avec empressement la couronne convoitée par lui, comme l'agioteur qui met la main sur une fortune immense. Il en usa largement avec ses compagnons d'aventure, qui l'avaient suivi dans ses tentatives de Strasbourg et de Boulogne. Tous prirent leur grasse part à l'immense curée de la France, à qui l'on osa même demander son or, et dont on prodigua le sang dans l'expédition du Mexique, entreprise sous de spécieux prétextes, mais qui cachaient un but réel et sordide d'opérations financières !... L'immoralité du souverain et de ses compagnons était pour le pays du plus fatal exemple. Après des commencements qui furent glorieux et qui ne formaient qu'un appât trompeur, on travailla avec une habileté perfide et calculée à pervertir les masses par un débordement inouï de brochures, de romans et de journaux corrupteurs ; on établit des cafés chantants ; on multiplia les théâtres obscènes et d'autres écoles toujours ouvertes d'un libertinage éhonté. Tandis que l'Eglise semblait protégée officiellement et qu'on faisait retentir bien haut les mots de Dieu et de Providence, elle était persécutée sous main, méprisée, paralysée et entravée. Le luxe et

il n'était pas bien assis (88), et voilà que Dieu le jette bas (89).

Hurlez, fils de Brutus (90), appelez par vos cris (91)

---

les jouissances matérielles descendant tous les jours des marches du trône jusque dans les plus obscures chaumières; le culte de l'or; la vénalité des consciences exploitée par le gouvernement; l'espionnage érigé en fonction publique; l'abaissement de la justice; tout en quelques années a conspiré pour dévorer en France les principes, la famille, les finances, l'honneur et la vitalité de cette race qui avait été la grande nation. Aussi, malgré l'or et l'argent qui ruisselaient de toutes parts et entretenaient à la surface une éblouissante prospérité matérielle, on pouvait sans crainte lui appliquer ces paroles : *Nomen habes quod vivas, et mortuus es.* « On vous dit vivante, mais vous êtes morte. » (Apocal., ch. III.) Livrée aux *bêtes* qui la dévoraient en la gouvernant, elle descendait chaque jour les degrés de l'abrutissement!

(93) Le prophète promène ses regards inspirés sur tout ce règne corrupteur; il n'en retient que la fin qui lui arrache un cri d'épouvante. Comme à cette sentinelle avancée dont parle Isaïe et qui veille sur les murailles de Babylone, on peut lui demander aussi : « Qu'avez-vous vu dans la nuit ? » *Custos, quid de nocte ?* « Quel bruit d'armes ! » vous répond-il avec effroi. Il a entendu l'appel aux armes de la population virile jusqu'à quarante ans, chez deux grandes nations; ce sont des armées immenses dont l'histoire n'a pas vu les semblables; c'est le cliquetis des glaives, des chassepots, des canons et mitrailleuses qu'on apprête pour le combat. Quel est ce combat ? Il va nous l'apprendre...

(94-95) La plénitude des nombres lunaires forme ce qu'on appelle le cycle lunaire, période de 19 ans, au bout de laquelle les phases lunaires reviennent aux mêmes dates pour le mois, le jour, l'heure, la minute et la seconde que dans le

les bêtes (92) qui vont vous manger (92 *bis*). Dieu grand ! quel bruit d'armes (93) ! Il n'y a pas encore un

---

cycle précédent. Donc, *depuis que les bêtes ont dévoré les fils de Brutus* le 2 décembre 1851, *il ne s'est pas encore écoulé un nombre plein de lunes ou* 19 *ans révolus, et voici venir maints guerroyers.* Au mois d'août, quatre mois avant le 2 décembre 1870, époque où tombent les 19 ans révolus (1851 + 19 = 1870), des flots innombrables d'Allemands victorieux foulent le sol de la France, semant le désastre, le pillage, la vengeance et la mort sur leur passage.

(96) C'en est fait ! l'heure a sonné pour les vengeances.

(97) La montagne de Dieu, c'est l'Eglise, la nouvelle Sion.

(98) Qui ne connaît les douleurs et les angoisses de l'Eglise depuis cette fameuse guerre d'Italie, où Napoléon prostitua la glorieuse et noble épée de la France au service des projets perfides de la secte qui possédait ses serments ? Tout le monde se rappelle les paroles sinistres de Napoléon aux agents du Piémont à Chambéry : « Allez et faites vite ! » abandonnant ainsi à la rage des sectaires la noble et vaillante armée de Lamoricière, massacrée par Cialdini le 18 septembre 1860 à Castelfidardo ; le démembrement, consenti par la France, des Etats de l'Eglise ; la privation du titre de citoyen français pour les jeunes gens qui s'étaient enrôlés sous les bannières du Pape, allant défendre avec son trône sacré l'ordre et la civilisation dans le monde ; la spoliation par le Piémont des biens de l'Eglise dans toute l'Italie ; les prêtres emprisonnés, fusillés et chassés, les religieux et religieuses dispersés, les autels profanés officiellement ; la dérisoire convention du 15 septembre 1864, équivalant à une livraison à échéance, et disposant du patrimoine de saint Pierre en dehors du Pape, au bénéfice de ses ennemis ; l'odieuse invasion de Garibaldi en 1867, soutenue par la connivence du gouvernement de Florence, invasion comprimée par la France à Mentana, parce que l'opinion

nombre plein de lunes (94), et voici venir maints guerroyers (95).

---

publique força la main à l'empereur, et parce que le maréchal Niel, ministre de la guerre, animé de sentiments généreux envers le Pape, expédia, sous sa responsabilité personnelle, des ordres de départ à notre flotte qu'un calcul habile retenait incertaine à Toulon, afin de donner au sacrilége le temps de s'accomplir; enfin l'abandon définitif de Rome en août 1870, au moment où l'on avait le plus grand besoin de se rendre le ciel propice, et l'occupation par les troupes italiennes de la capitale du monde catholique. Tout cet ensemble de malheurs contribue bien à légitimer la prophétie que saint Malachie fit de Pie IX dans sa succession des Papes, où il l'appelle « la croix des croix, » *crux de cruce.*

(99) Toutes les ressources humaines faisant défaut à l'Eglise, Pie IX devait crier vers Dieu, comme nous avons vu plus haut Pie VII s'adresser à lui dans l'excès de son affliction, parce qu'il est le défenseur de son Eglise, contre laquelle les dents de fer de ses persécuteurs viendront toujours se briser.

(100) La famille royale de France cria aussi vers Dieu à la vue des malheurs de la patrie. La tribu de Juda était la tribu royale chez les Hébreux, et David en descendait. Ce n'est point sans raison que le prophète compare la famille de nos rois à celle de ce grand prince. « Cette vieille maison de nos rois est, en effet, la plus longue et la plus illustre de l'histoire après la maison de David. « (Oraison funèbre des anciens élèves du collége de Saint-François-Xavier morts pour la France, prononcée par M. l'abbé Besson le 27 avril 1871 à Besançon.)

(101) La famille royale est exilée depuis 1830.

(102) Dieu, qui était sourd à toutes les prières depuis la révolution de 1830, se laisse enfin toucher, et va renverser par des coups terribles et inattendus la révolution en France,

C'est fait (96) : la montagne (97) de Dieu désolée (98) a crié à Dieu (99); les fils de Juda (100)

---

et ensuite en Italie et dans l'Europe. C'est l'œuvre de la contre-révolution qui commence, et qui va, pour déblayer le terrain, chasser d'abord Napoléon. « Quand Dieu, dit « Bossuet, veut faire voir qu'un ouvrage est tout de sa main, « il réduit tout à l'impuissance et au désespoir, puis il agit. » (Voir plus haut, nos 73 et 74.)

(103) Les traits de la colère divine sont enflammés; ouït-on jamais parler de calamités pareilles à celles qui pèsent sur la France depuis les premiers désastres de Wissembourg et de Reichshoffen? Rien n'a été épargné à la France, ni le sang versé, ni les désastres, ni la honte et l'abaissement moral aux yeux de tous les peuples contemplant avec effroi comment une grande nation descend tout à coup du trône pour s'enfoncer dans l'abîme, et cherche encore dans l'agonie à retourner le fer contre son propre sein!

(104) La colère divine, comme nous l'avons vu plus haut (nos 73 et 74), s'amoncelle depuis les derniers jours de la Restauration, où les efforts de la miséricorde pour sauver la France échouèrent devant l'opiniâtreté des méchants : mais elle a été portée à son comble, dans les dernières années, par les attentats odieux dont l'Eglise et la Papauté ont été les victimes. Après s'être emparée d'une partie des Etats du Saint-Siége en 1860, époque où Victor-Emmanuel est proclamé roi d'Italie, la révolution réclame Rome pour capitale de l'unité italienne, et cherche à expulser Dieu du dernier coin de terre qui lui reste encore pour gouverner son Eglise. C'est le 23 mars 1861 que fut prononcée au parlement italien la déchéance de la royauté du Pape, en proclamant Rome capitale de l'Italie. *Dix fois six lunes et pas encore dix fois six lunes,* font une période un peu inférieure à 10 ans; mais 10 ans lunaires perdent environ 4 mois sur 10 ans solaires, et égalent environ 116 mois

ont crié à Dieu de la terre étrangère (101), et voilà que Dieu n'est plus sourd (102). Quel feu va avec ses

---

solaires au lieu de 120. Or, si l'on compte depuis le mois de mars 1861 jusqu'au mois d'août 1870, époque où Rome est définitivement abandonnée par la France, on trouvera qu'il s'est réellement écoulé une période de neuf ans et demi, ou de *dix fois six lunes et pas encore dix fois six lunes.* En ce moment, la colère divine, portée à son comble, commence à déborder de toutes parts, et sur la France d'abord.

(105) Paris est la grande ville à la tête de la révolution; c'est donc elle qu'il faut frapper. *Malheur à toi!*

« Multipliez ses tourments et ses douleurs à proportion de ce qu'elle s'est élevée dans son orgueil et de ce qu'elle s'est plongée dans les délices, parce qu'elle dit dans son cœur : Je suis reine, je ne suis point veuve (mais seulement en divorce avec mon roi légitime), et ne connaîtrai jamais les larmes.

« C'est pourquoi, en un même jour, les fléaux, la mort, le deuil et la famine fondront sur elle; et elle sera brûlée par le feu, parce que le Seigneur qui la condamne est puissant. »

« Les rois de la terre (les puissants du monde), qui se sont corrompus avec elle en vivant de ses délices et de ses maximes trompeuses, pleureront sur elle. . . . .

. . . .

« Le sang des prophètes et des saints a été trouvé dans ses rues. . . . .

« Et on s'écriera en voyant ses débris fumants : Quelle ville a jamais égalé cette grande ville? » (Apoc., c. XVIII, *pass.*)

(106) Les dix rois ou princes régnants ne seraient pas difficiles à trouver dans l'armée allemande qui durant six mois a fait le siége de Paris; mais le nombre de dix ne doit pas être rigoureusement calculé et veut dire *plusieurs.*

(107) Ce ne sont point les armées allemandes qui sont chargées de renverser Paris. Après le siége des Prussiens,

flèches (103)! Dix fois six lunes et pas encore dix fois six lunes ont nourri sa colère (104). Malheur à toi,

---

depuis le mois de mars, il en soutient un second. Et qui sait s'il sera la dernière commotion politique?... Les édifices principaux, les maisons mêmes de certains quartiers sont minées. Tout est à craindre pour Paris coupable s'il n'imite la pénitence de Ninive. La prière seule peut le sauver ou diminuer les malheurs qui le menacent encore. (Comme on le voit, ces lignes étaient écrites avant l'incendie des Tuileries, de l'Hôtel-de-Ville et de ses principaux édifices dont la destruction enlève à Paris sa couronne de reine.)

(108) « Et j'entendis une voix qui disait : Sortez de cette ville, mon peuple, de peur de participer à ses crimes et d'être enveloppé dans son châtiment. » (Apocal., c. XVIII, v. 4.)

(109) Il est juste que la terre qui a bu le sang du roi-martyr soit purifiée de ce crime; et de combien d'autres Babylone n'est-elle point coupable!...

(110-111) La Seine. Depuis le jour où les armées allemandes ont enfermé Paris dans leurs lignes de circonvallation, que de combats acharnés se livrent sans relâche sur les bords de la Seine et rougissent ses flots !... Des lettres particulières de Paris disent qu'en certains points où le combat a été le plus acharné entre les insurgés et les troupes régulières, il y aurait eu jusqu'à un mètre de cadavres entassés!

(112) La France a perdu sa gloire et deux provinces; le pied victorieux d'un ennemi sans cœur et sans merci doit la fouler jusqu'à ce qu'elle ait acquitté jusqu'au dernier centime de l'impôt de guerre le plus exorbitant dont fasse mention l'histoire moderne; l'anarchie, comprimée par la force, aiguise partout ses poignards, et se prépare à une revanche; l'Assemblée n'a entre ses mains qu'un pouvoir chancelant, et les partis ne peuvent s'entendre sur un accord définitif.

grande ville (105) ! voici dix rois (106) armés par le Seigneur, mais déjà le feu (107) t'a égalée à la terre.

Mais, dans cette dislocation générale, Dieu, par un moyen inattendu, interviendra tout à coup sur la scène pour que le silence se fasse au sein de la tempête, et que chacun, déposant son orgueil et abaissant son front dans la poussière, s'écrie : « Le doigt de Dieu est là ! »

C'est ce que dit la prophétie de Blois. Pour quiconque a lu avec l'attention qu'elle mérite *la brochure de M. l'abbé Richaudeau, aumônier des Ursulines de Blois et professeur de théologie,* sur cette intéressante prédiction (cette brochure a été éditée à Tours en 1870), il est clair que le *Constitutionnel* et autres journaux ont altéré certains faits, et n'ont pas présenté la prophétie sous son véritable jour. Elle ne parle que très-peu de la guerre contre les Prussiens, et on a voulu, bon gré mal gré, appliquer aux événements de l'an passé ce qui regardait nos dissensions intestines et la grande lutte de l'ordre contre la révolution. Elle dit positivement que « le grand combat sera entre les *bons* et les *méchants;* « il sera épouvantable, on entendra le canon à neuf lieues « à la ronde. Les bons étant moins nombreux seront un « instant sur le point d'être anéantis ; mais, ô puissance de « Dieu ! ô puissance de Dieu ! tous les méchants périront. « Oui, ajoute-t-elle, tous les méchants périront, et aussi « beaucoup de bons.

« Pendant quelque temps, on ne saura à qui l'on appar- « tiendra ; mais ce ne sera pas celui que l'on croira qui rè- « gnera : ce sera *le sauveur accordé à la France,* sur lequel « elle ne comptait pas. » (Qui croyait possible le règne d'Henri V du temps de l'empire, et qui même pensait à lui ? Et à l'heure actuelle les masses songent-elles à lui offrir la couronne, et n'inclinent-elles pas plutôt vers la branche cadette ?)

« Il y a aura des choses telles que les plus incrédules se- « ront forcés de dire : Le doigt de Die est là !

Pourtant les justes (108) ne périront pas; Dieu les a écoutés.

« Tant qu'on priera il n'arrivera rien, mais il viendra un « moment où l'on cessera de faire des prières publiques; « on dira : Les choses vont rester comme cela. C'est alors « qu'auront lieu les événements. Néanmoins les prières « particulières ne cesseront pas.

« Il faudra quinze à vingt ans pour que la France se re-« lève de ses désastres. Cependant le calme renaîtra, et, de-« puis ce moment jusqu'à une paix parfaite et jusqu'à ce « que la France soit plus florissante et plus tranquille que « jamais, il s'écoulera à peu près vingt ans. » (*La Prophétie de Blois*, par l'abbé Richaudeau, *passim.*)

Une des prophéties les plus frappantes sur cette dernière et douloureuse crise qui doit transformer l'ancien monde impie en un nouveau monde croyant, c'est celle du Père Necktou, de la Compagnie de Jésus, ancien recteur au collége de Poitiers, d'où il passa ensuite à Bordeaux. Il y mourut en odeur de sainteté en 1793. Longtemps avant 1773, il prédit la suppression de son ordre, et annonça les événements détaillés de la première Révolution française. Mgr Lyonnet, archevêque actuel d'Alby, parle des prophéties du Père Necktou dans sa *Vie de Mgr d'Aviau, archevêque de Bordeaux*. Les prophéties du Père Necktou furent recueillies de sa bouche par son ami, le Père de Raux. Elles sont connues dans l'ouest de la France depuis un demi-siècle, et ont été imprimées dans le *Livre de toutes les prophéties*, en 1849; c'est de cet ouvrage qu'est tiré l'extrait suivant.

Après avoir annoncé la Restauration, qu'il appelle un *replâtrage*, et l'avénement au pouvoir du gouvernement de Juillet, il ajoute : « Ce ne sera qu'après cela que se fera la « *contre-révolution;* elle ne se fera pas par *les étrangers* « (c'est une annonce bien positive de l'invasion allemande), « mais il se formera en France deux partis qui se feront

La place du crime (109) est purgée par le feu; le grand ruisseau (110) a conduit ses eaux rouges de

---

« la guerre à mort. L'un sera beaucoup plus nombreux que « l'autre, mais ce sera le plus faible qui triomphera. Il y « aura alors un moment si affreux, qu'on se croira à la fin « du monde. Le sang ruissellera dans plusieurs grandes « villes. Les éléments seront soulevés; ce sera comme un « petit jugement. Il périra en cette catastrophe une grande « multitude; mais les méchants ne prévaudront pas. Ils « auront bien l'intention de ruiner l'Eglise, mais ils n'en « auront pas le temps; car cette crise si épouvantable sera « de courte durée, et *ce sera au moment où l'on croira tout « perdu que tout sera sauvé.*

« Durant ce bouleversement qui sera *général*, et non « pour la France seulement, Paris sera entièrement dé- « truit. A la suite de cet événement affreux, tout rentrera « dans l'ordre, justice sera faite à tout le monde, la contre- « révolution sera accomplie, et le triomphe de l'Eglise sera « admirable. »

(113) Aussitôt la tourmente miraculeusement apaisée, la France renaîtra à l'ordre et à la paix; elle pansera ses blessures qui se cicatriseront bientôt, car Dieu, dans sa miséricorde, lui a dès longtemps préparé le médecin qui versera le baume sur ses plaies profondes. Elle sera enfin guérissable; car le sang impur qui fermentait dans ses veines ayant trouvé une issue, elle écoutera docilement la voix divine.

Ainsi voilà l'œuvre de quatre-vingts ans de révolution abattue! L'esprit révolutionnaire disparaît écrasé. Une ère nouvelle de régénération s'ouvre pour la France et le monde!... Dieu a vaincu. (Voir plus bas, n°s 184 et 194.)

(114) C'est pour rendre la paix à la France, la paix non seulement extérieure, mais surtout celle du dedans, la paix morale, sans laquelle il n'y a pas de bonheur véritable, l

sang (111); la Gaule, vue comme délabrée (112), va se rejoindre (113).

---

paix que Jésus-Christ souhaitait sans cesse à ses apôtres : *Pax vobis!* c'est dans ce but que Dieu avait, en 1814 (voir nº 54), ramené la légitimité. Il voulait qu'elle accomplît la réconciliation de la nation avec le droit, de la terre avec le ciel; *car il n'y a point de paix pour l'impie.* Mais comme l'avait annoncé le prophète, après quelques efforts pour la réforme, elle ne put remonter le courant révolutionnaire, et dut suivre elle-même le fil des eaux qui menaient à l'abîme. Cette fois, au contraire, il n'en est plus de même; la place est nette, l'ordre peut s'établir sur des bases solides.

(115-116) Aussi la joie déborde dans l'âme du prophète, et il invite le prince à venir. « Venez, dit-il, noble prince, héritier de nos rois, vous qui partîtes si *jeune* (à dix ans) pour la terre de l'exil (île signifie pays, contrée, dans le style de l'Ecriture sainte); venez dans l'âge mûr nous apporter les principes qui font la *jeunesse* et la prospérité des peuples. »

Malgré l'interprétation que nous donnons du mot *jeune,* on ne peut se dissimuler que cette appellation, appliquée à un prince qui est né en 1820, offre une certaine difficulté; mais on doit se rappeler ce que nous avons dit dans la première partie sur la confusion des temps, familière aux prophètes, qui peut avoir embrassé d'un même coup d'œil et confondu l'époque de l'exil avec celle du retour. En second lieu, Henri V apportant à la France, penchant sur la ruine, les principes qui doivent non seulement la régénérer elle-même, mais aussi rajeunir la vieille Europe, est comme l'incarnation de la jeunesse qu'il vient apporter aux peuples. Et si Napoléon Ier aimait à répéter : « Je suis la révolution faite homme, » Henri V pourra bien dire : « Je personnifie la restauration et la nouvelle jeunesse de la France et du monde! »

Dieu aime la paix (114). Venez, jeune prince (115), quittez l'île de la captivité (116); joignez le lion (117)

« Croyez-le bien, je serai appelé, non seulement parce « que je suis le droit, mais parce que je suis l'ordre, parce « que je suis la réforme, parce que je suis le fondé de « pouvoir nécessaire pour remettre en sa place ce qui n'y « est pas, et gouverner avec la justice et les lois, dans le « but de réparer les maux du passé et de préparer enfin « un avenir. » (Lettre d'Henri V à un député, le 8 mai 1871.)

(117-118) Le lion est le symbole de la force et de la puissance. C'est dans ce sens que ce nom est appliqué à Jésus-Christ, qui est appelé le lion de la tribu de Juda, parce qu'il devait soumettre la terre à sa puissance. Le prophète, en annonçant qu'Henri V unirait le signe de la force à celui de la paix (la fleur blanche), lui donne les deux gloires que peut ambitionner un souverain, qui sont de rendre le pays prospère et pacifique au dedans, puissant et respecté au dehors. La France lavera ses hontes de Metz et de Sedan, ses armées victorieuses rétabliront l'ordre et la paix dans le monde; car le grand roi ne combattra jamais par ambition, mais uniquement pour le triomphe de la justice. (Voir n° 127.)

(119) Depuis longtemps ce grand règne était prédit par les prophètes. Dieu avait multiplié pour l'annoncer les voix de l'avenir (il n'y a pas moins d'une quarantaine de prophéties qui en parlent); mais il attendait son heure pour accomplir sa promesse.

« La parole est à la France et l'heure à Dieu. » (Lettre d'Henri V.)

(120-121) « On se dira que j'ai la vieille épée de la « France dans la main, et dans la poitrine ce cœur de roi « et de père qui n'a point de parti. Je n'ai ni injure à venger, ni ennemis à écarter, ni fortune à refaire, sauf celle « de la France; et je puis choisir partout les ouvriers qui « voudront loyalement s'associer à ce grand ouvrage.

à la fleur blanche (118). Ce qui est prévu, Dieu le veut (119). Le vieux sang des siècles (120) termi-

---

« Je ne ramène que la religion, la concorde et la paix,
« et je ne veux exercer de dictature que celle de la clémence,
« parce que dans mes mains, et dans mes mains seulement,
« la clémence est encore la justice. » (Lettre d'Henri V.)

(122-123) Homère appelle les rois des *pasteurs d'hommes*, et Dieu parlant par la bouche d'Isaïe et appelant Cyrus par son nom cent cinquante ans avant son règne, lui dit : « Vous êtes le *pasteur* de mon troupeau, et vous accomplirez ma volonté en toute chose. » (Isaïe, c. XLIV, v. 28.) C'est de cette façon qu'Henri V est appelé le pasteur de la Celte-Gaule. Il est dit qu'il sera seul pasteur, car la France ne formera qu'un cœur et qu'une âme pour aimer son roi sans distinction de partis.

« Ce que je demande, vous le savez : c'est de travailler à
« la régénération du pays ; c'est de donner l'essor à toutes
« ses aspirations légitimes ; c'est, à la tête de *toute la maison*
« *de France* (la branche cadette reconnaît enfin Henri V
« pour son chef), de présider à ses destinées. » (Lettre d'Henri V.)

(124) « Je marcherai devant vous, j'humilierai les grands
« de la terre, et briserai les portes d'airain et les gonds
« de fer.

« Je vous ai pris par la main droite..... J'ouvrirai toutes
« les portes devant vous sans qu'aucune vous soit fermée. »
(Isaïe, c. XLIV, v. 1-2.)

(125) Louis-Philippe n'était pas bien assis (voir n° 88), parce qu'il avait pris pour base de son gouvernement les principes révolutionnaires. *Et Dieu le jette bas.*

« Sachons reconnaître enfin que l'abandon des principes
« est la vraie cause de nos désastres.

« Une nation chrétienne ne peut pas impunément déchi-
« rer les pages séculaires de son histoire, rompre la chaîne

nera encore de longues divisions (121). Lors un seul (122) pasteur (123) sera vu dans la Celte-Gaule;

« de ses traditions, inscrire en tête de sa constitution la « négation des droits de Dieu, bannir toute pensée reli- « gieuse de ses codes et de son enseignement public.

« Dans ces conditions, elle ne fera jamais qu'une halte « dans le désordre; elle oscillera perpétuellement entre le « césarisme et l'anarchie, ces deux formes également hon- « teuses des décadences païennes, et n'échappera pas au « sort des peuples infidèles à leur mission. (Lettre d'Henri V, *ut supra.*)

(126) « ... Je suis le fondé de pouvoir nécessaire pour « mettre à sa place ce qui n'y est pas, et gouverner avec la « justice et les lois, dans le but de réparer les maux du « passé et de préparer enfin un avenir. » (Lettre d'Henri V, *ut supra.*)

« Le triomphe de la religion sera tel, que l'on n'a jamais « rien vu de semblable : toutes les injustices seront répa- « rées; les lois civiles seront mises en harmonie avec celles « de Dieu et de l'Eglise; l'instruction donnée aux enfants « sera éminemment chrétienne. Les corporations seront ré- « tablies. » (*La Prophétie de Blois.* Voir la brochure de M. l'abbé Richaudeau.)

(127) Ecoutons parler le vénérable Barthélemy Holzhauser, mais auparavant disons quelques mots de ce personnage.

Ce saint prêtre, curé de Bingen, naquit en 1613, et mourut en 1658 en odeur de sainteté. Il fut, durant sa vie, le restaurateur de la discipline ecclésiastique en Allemagne au XVIIe siècle. Consulté par Charles II, roi d'Angleterre, alors en exil, il prédit que les Anglais, de nouveau convertis (voir n° 133) un jour à la foi catholique, feraient plus pour l'Eglise qu'après leur conversion primitive. Dès 1635, il avait annoncé que le sacrifice éternel, la sainte messe, serait

l'homme puissant par Dieu (124) s'assiéra bien (125). Moult sages règlements (126) appelleront la paix ;

---

supprimé en Angleterre pendant cent vingt ans ; ce qui nous rapporte à l'année 1778, où fut aboli le décret de 1658, qui punissait de mort l'exercice du culte catholique dans ce pays. Il a également prédit les ravages du joséphisme, le châtiment des guerres de l'Empire et les destinées de Pie VII, qu'il désigne comme saint Malachie sous le nom d'*aigle ravisseur, aquila rapax*. C'est favorisé de communications célestes, au milieu de cruelles épreuves, passant des journées entières dans le jeûne, la prière et la plus grande solitude, qu'il écrivit son *Interprétation de l'Apocalypse*, qui a eu un retentissement universel.

Voici comment il parle de l'époque révolutionnaire à la fin de laquelle nous nous trouvons : « Nous ne voyons « partout, dit-il, que calamités déplorables ; tout est dévasté « par la guerre ; les catholiques sont opprimés par les héré- « tiques et les mauvais chrétiens ; l'Eglise et ses ministres « sont rendus tributaires ; les principautés sont bouleversées, « les monarques mis à mort ; *les hommes conspirent à ériger « des républiques.* »

Vers la fin du 5e état de l'Eglise (c'est l'époque où nous nous trouvons), lorsque plusieurs abjureront la foi, que le démon paraîtra partout déchaîné, et que la plus grande tribulation règnera sur toute la terre, les ministres attachés à la religion et à leurs devoirs seront méprisés, regardés comme les derniers des hommes ; mais Dieu aura enfin égard à leur patience, à leur fermeté et à leur persévérance, et il les récompensera dans le 6e état de l'Eglise par la consolation qu'ils auront de travailler avec fruit à la conversion des pécheurs et des hérétiques.

Le 6e état de l'Eglise (où nous sommes sur le point d'entrer) sera un état florissant pour la religion. Il commencera par le règne du *Monarque fort* et du *Pontife saint*, et durera

Dieu sera cru guerroyer (127) avec lui, tant prudent et sage sera le rejeton de la Cap (128).

(le 6e état de l'Eglise) jusqu'à la naissance de l'Antechrist. (Voir ci-dessous, n° 135.) En ce temps-là, toutes les nations infidèles retourneront à l'unité de la foi orthodoxe ; le clergé se rendra très-recommandable par la pureté de ses mœurs et la régularité de sa conduite ; les fidèles chercheront avec le plus grand soin le royaume de Dieu et sa justice.

« Il se fera un changement étonnant par la main du Dieu « tout puissant, tel que personne ne peut se l'imaginer. *Car « le Monarque puissant qui viendra comme envoyé de Dieu* « détruira les républiques de fond en comble ; *il soumettra « tout à son pouvoir*, et emploiera son zèle à exalter la vraie « Eglise du Christ. Toutes les hérésies seront reléguées en « enfer, l'empire ottoman sera ruiné, et le grand Monarque « règnera en Orient et en Occident. » (Les traditions allemandes et polonaises sont unanimes à parler d'une guerre générale où l'Orient et le Nord lutteront contre l'Occident et le Midi. L'Occident et le Midi seront victorieux sous la conduite d'*un chef qui s'élèvera tout à coup*, après quoi une seule religion unira tous les hommes.)

« Alors toutes les nations viendront et adoreront le Sei« gneur leur Dieu dans la vraie foi catholique et romaine. « (Voir nos 131 et suivants.) Beaucoup de saints et de doc« teurs fleuriront sur la terre. Les hommes aimeront le « jugement et la justice. La paix règnera dans tout l'univers, « parce que la puissance divine liera Satan pour plusieurs « années, jusqu'à ce que vienne le fils de perdition, qui le « déliera de nouveau. » (*Interprétation de l'Apocalypse, ou Histoire des sept âges de l'Eglise,* par B. Holzhauser, édit. Vivès, 1857.)

Il y a une tradition constante et universelle sur ce grand règne. Le lecteur pourra voir au n° 216 les paroles prophétiques de saint Remy à Clovis la veille de son baptême.

Grâce au Père de la miséricorde (129) ! la sainte Sion rechante (130) dans les temples un seul Dieu

---

Hippolyte, évêque sicilien, dit, en rapportant cette prophétie, que le grand Monarque français qui doit soumettre tout l'Orient *arrivera vers la fin des temps*. L'auteur du livre *le Grand Pape et le Grand Roi* rapporte que Raban Maur, d'abord abbé de Fulde en 822 et ensuite archevêque de Mayence, disait : « Nos principaux docteurs s'accordent pour annoncer que, vers la fin des temps, un des descendants du roi de France règnera sur tout l'empire romain, et qu'il sera le plus grand des rois de France et le dernier de sa race. » Le moine Adson répète cette tradition antique au xe siéle. (*Le Grand Pape et le Grand Roi*, p. 47.) C'est de la splendeur de ce règne et de la paix admirable qui fleurira durant son cours, quand *le grand Monarque* aura triomphé de la révolution et de l'impiété, que parle sainte Hildegarde, contemporaine de saint Bernard (voir ce qui est dit de cette sainte au n° 135), en plongeant son regard prophétique dans la suite des siècles. (*Liber divinorum operum simplicis hominis.*) Saint Césaire, évêque d'Arles, dont les prédictions furent recueillies et fondues avec d'autres par Jean de Vatiguerro, qui introduisit plusieurs erreurs dans sa compilation, annonce « qu'un prince captif dans sa jeu-« nesse (*juvenis captivatus*) recouvrera la couronne du lys « et étendra partout sa domination. En même temps il y « aura un grand Pape très-saint et très-parfait en toute per-« fection, et il sera couronné par les saints anges. Ce Pape « aura avec lui ce roi, homme très-vertueux, qui sera des « restes du sang très-saint des rois des Français. » (*Liber mirabilis*, édit. de 1524.) David Pareus, dans son commentaire sur l'Apocalypse (Heidelburg, 1618, p. 390), cite une antique prophétie qui s'accorde avec ces anciens oracles, et parle, comme Holzhauser, de la destruction de l'empire des Turcs par ce même prince. Ce dernier fait est passé à l'état

grand. Moult brebis égarées s'en viendront boire au ruisseau vif (131); trois princes et rois mettront bas le

---

de tradition dans tout l'Orient. Cornelius a Lapide cite, dans le chapitre XVII de son commentaire sur l'Apocalypse, une lettre que saint François de Paule, le fondateur des Minimes, avait écrite le 13 août 1469 à Simon de Limena, seigneur de Montalte, dans laquelle le saint annonce les mêmes événements. Enfin les traditions allemandes que nous avons mentionnées plus haut parlent unanimement du grand Monarque, et les prophéties et traditions polonaises s'accordent à dire que l'époque du rétablissement de la Pologne par un grand monarque français ne saurait être éloignée.

(128) Henri V est le rejeton de Hugues Capet.

(129) A la vue des biens de cette ère de rénovation, le prophète éclate en actions de grâces.

(130) « On dit que l'indépendance de la Papauté m'est « chère, et que je suis résolu à lui obtenir d'efficaces ga- « ranties. On dit vrai.

« La liberté de l'Eglise est la première condition de la « paix des esprits et de l'ordre dans le monde. Protéger le « Saint-Siége fut toujours l'honneur de notre patrie et la « cause la plus incontestable de sa grandeur parmi les na- « tions. Ce n'est qu'aux époques de ses plus grands mal- « heurs que la France a abandonné ce glorieux patronage. » (Lettre d'Henri V, *ut supra.*)

Saint Césaire, dont nous avons parlé au n° 127, après avoir annoncé le grand Monarque et le grand Pape, continue en ces termes : « Ce Pape réformera tout l'univers par sa « sainteté, et ramènera à l'ancienne manière de vivre, con- « formément aux disciples du Christ, tous les ecclésiasti- « ques ; et tous le respecteront à cause de ses éminentes « vertus. Il ramènera plusieurs princes au Saint-Siége, en « les tirant de leur erreur et de leur vie criminelle ; il con-

manteau de l'erreur et verront clair en la foi de Dieu (132); un grand peuple de la mer reprendra vraie croyance en deux tierces (133) parts. Dieu est

---

« vertira presque tous les infidèles, mais principalement les « juifs, et le grand Monarque l'aidera à réformer l'uni- « vers. » (Voir nos 131 et 138.) Ce Pape est appelé par saint Malachie *lumen in cœlo,* la lumière dans le ciel. (Voir note 127.)

Au commencement du 6e état de l'Eglise, on célèbrera un concile général œcuménique, tel qu'on n'en aura jamais vu; on y reconnaîtra une protection toute puissante du ciel en ce que, par la puissance du grand Monarque et l'autorité du Pontife saint et de tous les princes réunis, toute hérésie, toute impiété et tout athéisme seront bannis pour jamais de dessus la terre. (Voir plus bas les prédictions de la Sœur de la Nativité, nos 189-198.) Le vrai sens de l'Ecriture ne souffrira plus d'interprétation arbitraire, mais il sera posé clairement et reçu de tout le monde. Quoiqu'il soit dit que le Monarque fort détruira la monarchie des Turcs et soumettra à son empire et à celui de l'Eglise catholique toutes les nations barbares et infidèles, ils conserveront néanmoins une petite partie de leurs possessions, mais sans autorité et sans puissance, jusqu'au règne de l'Antechrist ou du fils de perdition. Par un juste jugement de Dieu, la Palestine et la Terre-Sainte formeront cet empire des Turcs, et jamais ces pays ne rentreront dans le bercail de Jésus-Christ, parce que c'est là que doit naître et commencer à régner le fils de perdition. (B. Holzhauser, *ut supra.* Voir nos 185, 195, 196 et suivants.)

(131) Nombreuses conversions non seulement d'individus qui abjurent leurs erreurs, mais aussi des peuples qui viennent puiser dans la foi véritable les eaux qui rejaillissent jusqu'à la vie éternelle. (Voir no 127.)

(132) Voir no 127. — Le prophète parle sans doute de la Russie, de l'Allemagne protestante et de la Turquie.

encore béni pendant quatorze fois six lunes et six fois treize lunes (134).

Dieu seul est grand ! Les biens sont faits, les saints

---

(133) L'Angleterre se convertit aussi. Les Iles Britanniques forment ce grand peuple de la mer dont les deux tiers, l'Angleterre et l'Ecosse, ont abandonné l'unité de l'Eglise romaine sous le règne d'Henri VIII, tandis que l'autre tiers, l'Irlande, lui est demeuré fidèle. (Voir n° 127.)

Nous avons parlé, au n° 112, d'une prophétie du P. Necktou; voici ce qu'elle contient au sujet de l'Angleterre : « L'Angleterre éprouvera à son tour une révolution plus af-« freuse que la première révolution française, et cette révo-« lution durera assez longtemps pour donner à la France le « temps de se rasseoir, et ce sera la France qui aidera l'An-« gleterre à rentrer dans la paix. »

Ces paroles du P. Necktou se trouvent confirmées par une antique prophétie de l'abbaye de Prémol, publiée pour la première fois en 1870 par M. de Stenay dans *l'Avenir dévoilé*, où il a établi son authenticité. Voici le passage où il est parlé de l'Angleterre : « Et toi, ô superbe Tyr (Londres, « la Tyr moderne), qui échappes encore à l'orage, ne te ré-« jouis pas dans ton orgueil. L'éruption du volcan qui « brûle tes entrailles approche, et tu tomberas plus avant « que nous dans le gouffre. »

L'Angleterre a péché comme nation en persécutant l'Eglise et en se faisant la complice de toutes les révolutions. (Voir n° 162.) Aussi, en vertu d'une loi rigoureuse de la Providence, qui punit et récompense les peuples, *comme peuples*, sur cette terre, théâtre de leurs œuvres, elle doit être châtiée au commencement de cette ère nouvelle où le *père de famille* nettoie son aire et vanne son grain. Mais la miséricorde tempérera la justice, et son châtiment aura pour résultat d'en faire de nouveau *l'Ile des Saints*.

Un document de haute importance sur les projets que la révolution nourrit au sujet de l'Angleterre, ce sont les résolu-

vont souffrir. L'homme du mal arrive de deux sangs (135) ; il prend croissance. La fleur blanche s'obscurcit (136) pendant dix fois six lunes et vingt-

---

tions votées dans la séance du conseil général de l'Internationale le 1er janvier 1870, et qui ont été publiées par M. Testut.

« Quoique l'initiative révolutionnaire, y est-il dit, doive partir de la France, l'Angleterre seule peut servir de levier pour une révolution sérieusement économique. C'est le seul pays où il n'y ait plus de paysans et où la propriété foncière est concentrée en peu de mains ; c'est le seul pays où la forme capitaliste — c'est-à-dire le travail combiné sur une grande échelle sous des maîtres capitalistes — s'est emparée de toute la production ; c'est le seul pays où la grande majorité de la population consiste en ouvriers salariés ; c'est le seul pays où la lutte des classes et l'organisation de la classe ouvrière par les *Trades-Union* ont acquis un certain degré de maturité et d'universalité, à cause de sa domination sur le marché du monde ; c'est le seul pays où chaque changement dans les faits économiques doit immédiatement réagir sur tout le monde. Si le *land-lordisme* et le capitalisme ont leur siége dans ce pays, par contrecoup les conditions matérielles de leur destruction y sont plus mûries. Le conseil général étant placé dans la condition heureuse *d'avoir la main sur ce grand levier de la révolution prolétaire,* quelle folie de le laisser tomber entre des mains purement anglaises !

« La position de l'Association internationale vis-à-vis de la question irlandaise est très-nette. Notre premier besoin est de *pousser la révolution en Angleterre ;* à cet effet, il faut frapper le grand coup en Irlande.

« Par ordre du conseil général de l'Association internationale des travailleurs,

« *Le Secrétaire correspondant pour la France,*

« Signé : Eugène Dupont. »

six fois vingt lunes, et disparaît (137) pour ne plus paraître.

Moult mal, peu de bien seront en ce temps-là;

---

(134) Il est téméraire de préciser à l'avance la durée des époques, comme ont voulu le faire quelques auteurs qui se sont presque toujours gravement fourvoyés.

Pour qu'un calcul de ce genre soit exact, il faut apprécier non seulement le nombre d'années représentées par les lunes, ce qu'une simple addition ou multiplication fait bientôt connaître, mais encore et surtout (car c'est ici le point essentiel sur lequel on ne saurait trop insister) il faut être instruit de la base sur laquelle doit s'appuyer la supputation, et cette base demeure, jusqu'à l'événement, presque toujours mystérieuse.

(135) Naissance de l'Antechrist. Par le sacrement du Mariage, l'homme et la femme ne forment plus qu'un seul corps, comme il est dit dans l'Ecriture; voilà pourquoi le prophète, parlant de la naissance illégitime de l'*homme du mal,* se sert du terme de *deux sangs,* comme d'une expression plus chaste et plus voilée.

L'expression *deux sangs* peut signifier aussi qu'il y aura dans l'Antechrist du sang de deux races. L'opinion commune le fait en effet descendre de la race juive et de la race turque.

Plusieurs auteurs placent la naissance du fils de perdition à une époque bien antérieure à celle que désigne la prophétie d'Orval. Il en est de même un certain nombre qui vont jusqu'à prétendre qu'il serait déjà né. Les uns et les autres ont les plus graves autorités contre eux. La prophétie d'Orval touchant l'époque de la naissance de l'Antechrist se trouve en effet confirmée :

1° Par la révélation de sainte Hildegarde, abbesse du monastère du mont Saint-Rupert, dans le diocèse de Mayence, contemporaine de saint Bernard, et dont les œuvres ont été examinées et louées au concile de Trèves par le pape Eugène III.

6

moult grandes villes périront, Israël reviendra à Dieu Christ tout de bon (138); sectes maudites et fidèles

---

(Migne les a éditées de nos jours et les a réunies dans le CXCVII[e] volume de sa *Patrologie.*) Or, elle dit positivement que la naissance de l'Antechrist sera accompagnée d'une recrudescence inouïe d'hérésies de toutes sortes, de guerres et de maux de toute nature; que la foi sera tellement faible, que les hommes en viendront à se demander quel Dieu ils doivent invoquer, et qu'enfin il y aura des signes dans le soleil, la lune, les étoiles et les éléments. « Ces tribulations, ajoute-t-elle, suivront une marche progressive jusqu'au jour où le fils de perdition prêchera publiquement sa doctrine perverse. » (Edit. Migne, page 1027.) L'Antechrist n'est donc point né, puisque les malheurs dont parle sainte Hildegarde, sont incompatibles avec la victoire de l'Eglise durant le 6e âge, où nous sommes sur le point d'entrer.

2° La Sœur de la Nativité, dont nous citerons plus loin quelques passages, annonce dans ses révélations célèbres que la naissance de l'Antechrist sera promise aux méchants par le démon comme une revanche du triomphe de l'Eglise durant le 6e âge. (Voir le 4e vol. des *Révélations de la Sœur de la Nativité.*)

3° La Sœur Anne-Catherine Emmerich, née à Flamske, diocèse de Munster, en 1774, et morte en 1824, dont les révélations merveilleuses sur la vie et la passion de Notre-Seigneur Jésus-Christ ont eu un retentissement européen, en décrivant la venue de Jésus-Christ dans les limbes le vendredi saint, raconte que celui-ci descendit en vainqueur jusqu'aux enfers, où il fit enchaîner Lucifer; mais il lui fut montré en même temps que ce dernier serait relâché pour un temps, cinquante ou soixante ans avant l'an 2000 du Christ. Or, comme l'Antechrist ne commencera pas à régner, d'après l'avis des Pères, avant l'âge de trente ans, sa naissance n'aurait

seront en deux parties bien marquées. C'est fait, Dieu seul sera cru, et la tierce part de la Gaule et encore

---

pas lieu avant l'an 1910 ou 1920. (*La Douloureuse Passion de Jésus-Christ, d'après Anne-Catherine Emmerich,* par l'abbé Cazalès.)

4° Le V. B. Holzhauser dit catégoriquement (voir n° 127) que le 6e âge de l'Eglise durera jusqu'à l'époque de la naissance de l'Antechrist. Il est vrai qu'on a voulu s'appuyer sur un calcul qu'avait établi le Vénérable au sujet du nombre mystérieux de 666 (Apocal., XIII, 18) pour prouver que l'Antechrist était né en 1855, ce qui contredirait le passage précédent. Mais on n'a pas assez remarqué qu'il faut distinguer ce qu'écrivait l'auteur sous la lumière de l'inspiration divine, d'avec les calculs auxquels il lui plaisait de se livrer, et qui n'ont, comme tous ceux que les Pères ont faits à ce sujet, qu'une valeur purement individuelle ; car il ne faut pas croire que les hommes inspirés le soient toujours, en tout et pour tout. Ainsi donc, la contradiction n'est purement qu'apparente.

5° Enfin saint Paul nous avertit que l'apostasie générale doit précéder la venue de l'homme du mal. *Nisi venerit* DISCESSIO PRIMUM, *et revelatus fuerit homo peccati.* (II aux Thessalon., c. II, v. 3.)

Or, cette apostasie, quoiqu'elle ait commencé à se produire de nos jours, sera entièrement enrayée durant le 6e âge de l'Eglise, et ne recommencera guère à s'introduire chez les nations qu'à l'époque dont parle le prophète d'Orval : *Moult mal, guère de bien en ce temps-là* (136). Sainte Hildegarde a de très-curieux et très-intéressants passages sur cette apostasie.

(136) Décadence des successeurs d'Henri V. Ce prince aura-t-il des héritiers ? Nous ne le pensons pas, car la tradition dit que le grand Monarque n'aura pas d'enfants. (Voir n° 127.) Après lui *la fleur blanche* règnera quelque temps encore

la tierce part et demie n'aura plus de croyance (139), comme aussi les autres gens (140). Et voilà déjà six fois trois lunes et quatre fois cinq lunes qui sont sé-

---

avec les Bourbons; mais ce sera une époque de décadence universelle. « En ce temps-là, dit sainte Hildegarde, les empereurs qui feront revivre l'ancienne gloire de l'empire romain (le grand Monarque doit être proclamé empereur d'Occident, et ses successeurs hériteront de son titre) perdront la force et la vigueur dont ils avaient d'abord fait preuve dans leur gouvernement. Leur gloire ne sera que faiblesse; de sorte que, par une permission divine, leur pouvoir diminuera peu à peu et finira par leur échapper, à cause de leur vie tiède, servile, vaine, et de leurs mœurs honteuses. Aussi perdront-ils l'estime dont le peuple les entourait. C'est pourquoi les rois et les princes d'un grand nombre de nations se sépareront de l'empire romain auquel ils étaient soumis, n'en voulant plus supporter le joug; et chaque pays et chaque peuple se choisira un roi particulier. Mais lorsque le sceptre impérial aura été ainsi partagé sans retour, la tiare de la dignité apostolique sera déchirée, et tout cela se fera par des guerres et par le conseil des grands. » La sainte parle de plusieurs époques de calamité entremêlées de temps de prospérité de plus en plus courts, qui doivent précéder et préparer le règne de l'Antechrist. (*Liber divinor. operum*, édit. Migne. Voir pour ces diverses alternatives n° 201 et la suite.)

(137) Fin de la royauté en France. La grande nation tombe dans l'anarchie et l'obscurcissement.

(138) Une partie des juifs se sera déjà convertie à l'époque de la grande rénovation. En ce moment ils se convertiront en foule et reconnaîtront Jésus-Christ pour leur Dieu.

(139-140) Les deux tiers et demi de la France et des autres nations (*gens*) n'ont plus de foi. « Pensez-vous que

parées, et le siècle de fin a commencé après le nombre non fait de ces lunes.

Dieu combat par ses deux justes (141), et l'homme

---

lorsque je reviendrai dans ce monde, je retrouve encore la foi ? » avait dit Notre-Seigneur à ses apôtres.

(141-141 *bis*) Enoch et Elie combattent l'Antechrist et sont mis à mort par lui.

C'est ainsi que le combat de l'Eglise se poursuit à travers le temps. Elle est souvent opprimée, mais elle sort toujours victorieuse au moment où on la croit terrassée. Dans sa lutte suprême et dernière, sa ressemblance avec son Chef sera plus parfaite encore. Son ennemi chantera sur son tombeau, qu'il croira scellé à jamais. Réduite à un petit nombre de fidèles fugitifs et dispersés, on la croira anéantie, mais ce sera pour ressusciter à jamais triomphante avec son céleste Epoux.

Il n'entre pas dans le cadre de cette deuxième partie de traiter de *la fin des temps*. Nous ne pouvons néanmoins nous dispenser d'en dire un mot en passant, car ce sujet s'est déjà présenté de lui-même à nous plusieurs fois, notamment dans les notes du n° 127, et se représentera encore dans le cours de cet ouvrage.

Parler de la fin du monde est une chose qui fait rire aujourd'hui. Cette incrédulité pour la fin des temps est cependant le meilleur argument que nous ayons de sa proximité ; mais avant de le démontrer rapidement, je veux choisir un autre signe parmi le grand nombre de ceux qui annoncent que l'époque ne saurait être très-reculée.

Le premier, c'est l'extension universelle de la dévotion au Sacré-Cœur de Jésus. La bienheureuse Marguerite-Marie Alacoque, née en 1647 et morte en 1690, dont Dieu s'est miraculeusement servi pour établir cette dévotion, et qui a été béatifiée en 1864 par Pie IX, dit que Notre-Seigneur lui fit connaître son dessein *de manifester son cœur aux*

de mal a le dessus (141 *bis*). Mais c'est fait : le haut Dieu met un mur de feu qui obscurcit mon entende-

---

hommes, et de leur donner dans les derniers temps ce dernier effort de son amour. (Voir sa Vie, p. 234.)

Sainte Gertrude raconte le même fait. On lit dans la Vie de cette sainte qu'un jour, étant favorisée d'une apparition de saint Jean l'évangéliste, elle lui demanda pourquoi, ayant reposé sur le sein de Jésus-Christ durant la cène, il n'avait rien écrit pour notre instruction sur le mouvement de son cœur, et que ce saint lui répondit ces paroles remarquables : « J'étais chargé d'écrire pour l'Eglise encore naissante la parole du Verbe incréé de Dieu le Père; mais la suavité du mouvement de ce cœur, *Dieu s'est réservé de la faire connaître dans les derniers temps, dans la vieillesse du monde, afin de rallumer la charité qui sera notablement refroidie.* » (*Insinuat.*, l. IV, c. IV.)

Le deuxième signe, c'est cette incrédulité dont je parlais tantôt. A diverses époques, notamment lors de la destruction de Rome, et plus tard durant les malheurs du xe siècle, les peuples, frappés de l'évidente conformité de plusieurs des signes annoncés pour la fin du monde (époque à laquelle ils se renouvelleront tous) avec ceux dont ils étaient les témoins, se crurent arrivés à ce moment décisif. Les docteurs, saisis de crainte comme les fidèles, prêchèrent la fin des temps. Dès lors on cessa de vendre et d'acheter, le cours ordinaire de la vie fut suspendu, et l'on attendait l'an 1000 avec épouvante. En conséquence, l'Eglise dut rendre une décision interdisant de traiter dans la chaire ces sujets alarmants. Elle savait en effet, dans sa profonde sagesse, que la meilleure preuve que les temps étaient encore éloignés, c'était cette foi vive qui portait les fidèles à surveiller les signes et à attendre patiemment la réalisation des paroles de l'Evangile. Saint Paul déjà avait dû pareillement avertir les premiers chrétiens que l'époque du fatal dénouement n'était pas encore

ment, et je n'y vois plus. Qu'il soit béni à jamais! Amen. Ainsi soit-il.

---

arrivée, et c'est à ce sujet qu'il leur écrivit ses prédictions sur l'Antechrist.

Voici donc quel sera jusqu'au dernier moment le cours des choses ici-bas, malgré tous les signes avant-coureurs auxquels le plus grand nombre ne voudra prêter aucune attention, et qu'il expliquera toujours par des moyens humains :

« Ce qui est arrivé à l'époque de Noé arrivera pareillement « encore dans les jours du Fils de l'homme.

« On mangeait et on buvait, on se mariait, jusqu'au mo- « ment où Noé entra dans l'arche, et alors arriva le déluge « qui les perdit tous.

« Il en sera aussi comme du temps de Loth ; on mangeait « et on buvait, on achetait et on vendait, on plantait et on « bâtissait.

« Mais le jour où Loth sortit de Sodome, une pluie de feu « et de soufre tomba du ciel et les perdit tous.

« Telle sera la conduite des hommes lorsqu'arrivera le « jour de la manifestation du Fils de l'homme. » (Saint Luc, c. XVII, v. 26, 27, 28, 29, 30.)

Ainsi, plus on avance vers le terme, plus il faut nécessairement s'attendre à rencontrer de l'incrédulité sur la proximité de ces derniers jours.

CHAPITRE II.

PROPHÉTIE DU PÈRE JÉRÔME BOTIN.

I

Notice historique.

Après la prophétie d'Orval, une des prophéties les plus anciennes et les plus remarquables que nous possédions, c'est celle du Père Jérôme Botin, qui fut religieux bénédictin de l'abbaye de Saint-Germain des Prés, à Paris. Le nécrologe de l'abbaye porte : *Le* 18 *juillet* 1420 *mourut Jérôme Botin, de Cahors, âgé de* 62 *ans, homme recommandable par sa science, sa piété et sa sainteté ; qu'il repose en paix.*

Cette prophétie a été traduite et tirée d'un vieux manuscrit de la bibliothèque des Bénédictins de l'abbaye de Saint-Germain des Prés. Le manuscrit commence par un traité de l'influence des lettres, qui est suivi d'un petit poëme en l'honneur de sainte Marthe, tous les deux sans nom d'auteur ; on trouve enfin en troisième lieu la prédiction du *Père Jérôme Botin.*

Elle a été imprimée pour la première fois en 1830 par M. Bricon, et lui avait été communiquée par deux personnes, dont une la possédait depuis 1805 et l'autre (le célèbre M. Bergasse) depuis 1790. En

1815, M. l'abbé Evremond Harissard la copia avant de quitter la France pour se rendre dans les missions d'Amérique. Il la communiqua à Mgr Dubourg, évêque de la Louisiane, depuis évêque de Montauban et archevêque de Besançon, où il mourut en 1834. Or, Mgr Dubourg voulut constater l'existence de cette pièce, afin qu'on ne pût accuser la prophétie d'avoir été faite après coup, attendu qu'elle intéressait surtout à cause de la naissance d'un enfant royal appelé à une haute destinée. Ainsi, le 13 février 1819, cette prophétie fut dûment constatée à Saint-Louis des Illinois (Amérique septentrionale) par le visa et la signature de Mgr Dubourg ainsi que par le sceau de son évêché, et cela à chaque page, avec le contreseing de M. l'abbé Niel. M. Dujardin, qui publia de nouveau cette prophétie en 1840, affirme avoir vu cette copie ainsi paraphée et signée (1).

Le précieux document embrasse les principaux événements qui se sont écoulés depuis la Réforme de Luther et les guerres qui en ont été la conséquence, et s'étend jusqu'au règne du prince issu du fils du comte d'Artois, *qui gouvernera avec prudence et honneur la France*. Il esquisse l'histoire à grands traits, et suit à peu près ordinairement le fil chronologique, excepté en deux endroits où il revient sur des événements dont il a déjà fait le récit.

Nous aurions pu ne donner que la fin de cette intéressante prédiction, mais il nous a paru plus conforme au désir de la plupart des lecteurs, comme aussi

(1) Voir *l'Oracle*, 2e édition ; *le Nouveau Recueil de prédictions*, par M. Edouard Bricon ; *la Fin des temps*, par M. Eugène Baresté. 2e édition.

plus convenable pour la critique, de citer la pièce dans son entier. Il serait inutile et trop long de développer et de commenter le texte, comme nous avons fait pour la prophétie d'Orval. Il suffira de quelques notes pour l'intelligence des passages obscurs ou pour appuyer sur une idée plus saillante.

II

Texte de la prophétie.

(Ce texte est précédé d'un petit préambule.)

« Au nom du Seigneur qui a créé toutes choses, voici les paroles que l'Esprit a dictées à Jérôme, serviteur du Seigneur, écrites au monastère de Saint-Germain des Prés, à Paris.

« L'an mil quatre cent dix de la Conception (142), le souverain pontife Jean XXIII gouvernant l'Eglise de Dieu sous le règne de Charles VI, voici ce que l'Esprit lui a dicté :

---

(142) Avant la réformation du calendrier opérée par le pape Grégoire XIII en l'an 1582, l'année ne se calculait pas toujours suivant le calendrier de Jules César, et l'usage établi dans bien des provinces ecclésiastiques était de compter les années à partir du jour de la Conception ou Incarnation de Notre-Seigneur, c'est-à-dire du 25 mars, fête de l'Annonciation. Comme étant originaire de Cahors, le Père Botin suivit la supputation alors usitée dans le Quercy, ainsi qu'on le voit dans les statuts de l'église de Cahors, recueillis par dom Martène et dom Ursin Durand dans leur *Thesaurus novus anecdotorum*, t. IV. (M. de Stenay, *Avenir dévoilé*, p. 138.)

« Malheur aux peuples (143), aux princes et aux rois qui gouvernent les peuples, parce qu'il viendra des temps de deuil et de chagrin; le vent de la tribulation divisera et dispersera les hommes, et la terre sera couverte du sang des clercs, des nobles et du peuple. Malheur à ceux qui portent le glaive, parce que les épées seront teintes de sang. Les temps où ces choses viendront ne sont pas éloignés, a dit l'Esprit. Un siècle s'écoulera (144), et l'héritage du Seigneur sera divisé (145) ; et à cause de cet héritage les princes combattront contre les princes, les peuples contre les peuples (146); et l'intérêt, sous le masque de la réforme, tentera de tout renverser; et après un autre siècle (147), l'héritage du Seigneur sera sauvé (147 *bis*), parce que sa main est au dessus de la main des puissants.

« C'est ce que m'inspire l'Esprit.

---

(143) Le prophète annonce les maux qui doivent désoler l'Eglise et les peuples sous le 5e état de l'Eglise, qui a commencé, d'après Holzhauser, vers 1520, sous Léon X et Charles-Quint, et qui doit durer jusqu'au règne du *Pontife saint* et du *Monarque fort*.

(144) Le XVe siècle finira son cours, et ensuite il y aura une grande scission dans l'Eglise par le protestantisme au XVIe siècle.

(145) Cette scission finira sous le règne du Pontife saint et du Monarque fort.

(146) Les guerres de religion.

(147-147 *bis*) Après le XVIe siècle, qui sera témoin de si grands malheurs, l'Eglise sera sauvée en France, au XVIIe siècle, par la conversion d'Henri IV, qui régna de 1589 à 1610, ce qui assura la suprématie à l'Eglise catholique. (Voir no 150.)

« Malheur à la mer, malheur à la terre et à ceux qui l'habitent maintenant et pour un siècle (148); malheur aux Gaulois et aux habitants des îles (149), parce que l'héritage du Seigneur s'éloignera d'eux, et il y aura chez eux de grands gémissements pour le reste de cet héritage (149 *bis*).

« Après un autre siècle à peu près (150), l'héritage du Seigneur ne sera plus divisé au moins pour les Gaulois; il règnera sur eux un prince duquel il est écrit (151) : « Arme-toi de ton épée et mets-la à ton « côté. » Prince très-puissant, il réunira les rois, les princes et les peuples; il gouvernera avec sagesse et puissance : c'est ce que dit l'Esprit. Son règne très-long sera un règne de justice et de force; il sera en grande vénération, et sa mémoire sera florissante.

« Et après un autre siècle (152), les princes de la terre et tous les peuples trembleront de fureur; et

---

(148) Le prophète revient sur ses pas, et parle de nouveau des malheurs qu'entraîna la Réforme au XVIe siècle.

(149-149 *bis*) La France eut beaucoup à souffrir des progrès de la Réforme, mais particulièrement les habitants des Iles Britanniques, parce qu'ils se séparèrent de l'Eglise sous Henri VIII, et l'Irlande, demeurée catholique, endura de grandes persécutions.

(150) C'est ce que le prophète avait déjà dit. (Voir n° 147 *bis*.) Au XVIIe siècle, l'unité de l'Eglise fut désormais assurée en France; car la Réforme avait subi sa défaite par l'abjuration d'Henri IV, et l'hérésie alla en s'affaiblissant de jour en jour, surtout depuis la révocation de l'édit de Nantes, qui lui porta le coup fatal.

(151) Louis XIV.

(152) Après le XVIIe siècle vint le XVIIIe, qui fut témoin de la Révolution française.

ce temps sera un temps de désespoir et d'iniquité, et on trouvera à peine un seul homme qui fasse le bien. C'est ce que le Seigneur m'inspire d'annoncer. Alors il régnera en France un prince (153), l'oint du Seigneur, homme doué de vertus, de douceur, et les ouvriers d'iniquité mettront sa tête à prix, épuiseront contre lui leur malice, le réduiront en captivité, et sa fin sera plus malheureuse que le commencement, a dit l'Esprit.

« Après avoir mis en captivité lui et les siens, les princes et les grands seront entraînés à leur perte, et il y aura alors un grand deuil dans l'Eglise du Seigneur ; il ne demeurera pas pierre sur pierre, les autels, les temples seront détruits, les vierges consacrées au Seigneur seront outragées. Ces hommes d'iniquité s'enivreront de folie, car ils auront des signes (154) à leur tête et sur les édifices, a dit l'Esprit.

« Malheur aux princes et aux grands, parce que leur pouvoir sera détruit ; malheur aux peuples, parce que leurs mains seront teintes de sang ; malheur à ceux qui les gouvernent (155), parce qu'ils auront été enivrés du sang (156) d'un roi innocent, des grands et

---

(153) Louis XVI. Le prophète décrit ses malheurs et les horreurs de la Révolution.

(154) Cocardes et drapeaux.

(155) Les démagogues qui tyrannisèrent la France durant ces années sanglantes périrent tous misérablement et la plupart sur l'échafaud, ou dans les émeutes, ou par le suicide.

(156-156 *bis*) Mort de Louis XVI, massacres de la Terreur.

du peuple, et que leur domination sera une domination de perversité, et leur règne un règne d'abomination, et que dans peu ils seront écrasés et périront : c'est ce que dit l'Esprit.

« Malheur aux princes et aux grands, malheur au peuple, parce que son roi sera immolé (156 *bis*) comme un brebis, ses proches seront tués, d'autres seront dispersés; et ceux qui auront fait ces choses diront : *Amen*.

« Oui, malheur, mille fois malheur au peuple qui s'est révolté contre l'autorité (157) et a renversé

---

(157) « La terre est infectée par la corruption de ceux « qui l'habitent, parce qu'ils ont transgressé les lois, changé « le droit et brisé l'alliance éternelle. » (L'hérédité du trône est aussi un pacte éternel et sacré d'une nation avec une famille. C'est une loi fondamentale qu'on ne peut transgresser impunément, quand un peuple l'a prise pour base de sa constitution, et dont la fidèle exécution assure à la nation une autorité d'autant plus paternelle qu'elle est plus à l'abri des compétitions, et d'autant plus durable qu'elle revit dans les enfants du prince et qu'on peut crier toujours : « Le roi est mort, vive le roi ! »)

« C'est pourquoi la malédiction dévorera la terre; ses « habitants s'abandonneront au mal; ceux qui la cultivent « seront pris de folie, et on n'en laissera qu'un petit « nombre.

« La vendange pleure, la vigne est malade, et des gé« missements s'échappent des cœurs qui étaient dans l'al« légresse.

« La ville du faste et de la vanité est broyée par les « malheurs, et ses maisons demeurent fermées sans qu'on « puisse y pénétrer. » (Isaïe, ch. XXIV, v. 5, 6, 7, 10.)

Tous les fléaux depuis quatre vingts ans n'ont-ils pas été

les lois. Il a arraché la prospérité jusqu'à la racine, il a brisé ses lys (158); l'aigle (159) planera sur lui, il ravira et détruira sa proie, a dit l'Esprit. La terre sera couverte du sang (160) de ses habitants.

« Ses enfants (160 *bis*) armés du glaive périront par l'épée, et ces maux innombrables, dit le Seigneur, n'apaiseront point ma colère, mon bras sera levé contre lui (161); il sera frappé de la verge de ma justice et du bâton de ma fureur, et la main (162) qui l'opprimera sera l'instrument de ma colère sur lui et sur les nations.

« Mais après que quatre siècles seront plus qu'écoulés (163), les autels de Belzébuth (164) seront dé-

---

épuisés sur la France coupable, et la maladie de la vigne dont parle Isaïe n'avait-elle point été annoncée par la Vierge Marie sur les montagnes de la Salette ?

(158) La dynastie des Bourbons.

(159) Bonaparte couronné empereur en 1804.

(160-160 *bis*) Guerres de l'Empire. Les enfants de l'aigle sont tous ses généraux qu'il avait façonnés et tous ceux à qui il distribuait des couronnes.

(161) Napoléon est frappé à cause de ses crimes.

(162) Les Anglais eurent la plus grande part dans la coalition qui renversa le premier Empire; ils sont un instrument de la colère divine sur les nations par leur influence anti-catholique.

(163-164) Ce n'est que plusieurs années après que quatre siècles se seront écoulés depuis l'époque de la prophétie (voir le n° 142) (1410 + 400 = 1810), que les autels du démon, c'est-à-dire la Révolution et les fausses doctrines, seront renversés. Depuis l'année 1810 jusqu'au moment où règnera le grand Monarque, il s'écoulera en effet de longues années, selon la parole de la prophétie : *Après que quatre siècles seront plus qu'écoulés*.

truits. Les ouvriers d'iniquité seront détruits (165) et périront. La rosée du ciel descendra sur la terre désolée et sur l'Eglise éplorée, et il y aura un enfant du sang du roi que donneront les gens d'Artois (166); il gouvernera (167) avec prudence et honneur la France, et l'Esprit du Seigneur sera avec lui : c'est ce qu'a dit l'Esprit.

« Avant la fin du quatrième siècle (168), les ministres des autels pleureront et souffriront persécution pour la justice; le pasteur (169) sera frappé et le troupeau dispersé (170). Ce ne sera qu'après ce siècle (171) qu'il y aura un autre pas-

---

(165) C'est le grand combat de la prophétie de Blois. (V. n° 112.)

(166) Enfin Dieu accorde à la France et à l'Eglise un enfant de miracle qui deviendra un jour leur ancre de salut et leur rendra la paix et la joie. Il est du sang du roi et petit-fils du *comte d'Artois,* qui, à la mort de Louis XVIII, monta sur le trône sous le nom de Charles X. Il s'appelle Henri-Charles-Ferdinand-Marie-Dieudonné d'Artois, duc de Bordeaux.

(167) Il est le grand Monarque qui doit, à la tête de la France, gouverner le monde avec sagesse, de concert avec le grand Pape. (N° 172.)

(168) Le prophète revient sur les événements passés, comme il avait fait plus haut. (N° 148.) Avant la fin du quatrième siècle à partir de l'époque de la prophétie, c'est-à-dire avant la fin du XVIIIe siècle, en 1789, les ministres des autels pleureront, etc.

(169) Pie VI en exil meurt à Valence en 1799.

(170) Les cardinaux, les évêques, les prêtres, les nobles, etc., sont déportés, dispersés, massacrés, ou fuient en exil.

(171) Dans le XIXe siècle.

teur (172) qui conduira les peuples dans l'équité et les rois dans la justice, et il sera honoré des princes et des peuples; mais avant qu'il ait établi son empire (173), que celui qui n'a point fléchi devant Baal (174) fuie du milieu de Babylone (175), dit l'Esprit.

« Que chacun ne pense qu'à sauver sa vie, parce que voici le temps où le Seigneur doit, par la grandeur de ses vengeances, montrer la grandeur des crimes dont elle est souillée (176); il va faire retomber sur elle les maux dont elle a accablé les autres.

---

(172) C'est le grand Pape. (Voir n° 127.)

(173) Avant la venue de ce grand Pape sur le trône de Pierre.

(174) Baal représente les fausses divinités. Tous ceux qui abandonnent les commandements de Dieu pour suivre les entraînements de leurs passions et se livrer aux égarements de leur esprit, se font des dieux à leur fantaisie et tombent dans une idolâtrie véritable. Ceux qui n'ont point fléchi le genou devant Baal représentent donc les justes et tous ceux qui ont le cœur droit.

(175) Babylone représente Paris. (Voir la prophétie d'Orval, nos 107 et suivants.)

(176) Nous consacrerons un chapitre à l'étude des prophéties de Marie Lataste. (Voir chap. IV.) Voici ce que Notre-Seigneur lui disait en 1844 au sujet des crimes de Paris :

« O Paris, torrent impétueux de vices et d'iniquités ;
« Paris, ville exécrable, depuis longtemps tu mérites mon
« indignation, et si je n'ai pas fait tomber sur toi les flots
« de ma colère, c'est par un effet de ma miséricorde. J'ai
« arrêté mon bras vengeur déjà prêt à s'appesantir sur toi.
« J'ai épargné la multitude innombrable des pécheurs pour
« ne point frapper les justes. Tes habitants te maudiront un
« jour, parce que tu les auras saturés de ton air empesté,

« Le Seigneur a présenté par la main de cette ville impie, désolatrice des peuples, meurtrière de ses prêtres, de ses rois et de ses propres enfants, le calice de ses vengeances à tous les peuples de la terre (177). Toutes les nations ont bu le vin de sa fureur, elles ont souffert toutes les agitations de sa captivité (178) et de sa barbarie (179) ; mais en un moment Babylone est tombée, et elle s'est brisée dans sa chute, a dit l'Esprit.

« Tout ceci arrivera pour épurer les bons et perdre les méchants, faire honorer l'Eglise de Dieu, faire craindre et servir le Seigneur.

« Telles sont les paroles que l'Esprit a manifestées à son serviteur Jérôme, qu'il a écrites d'après ses ordres, et dont la vérité sera connue dans le temps. Ainsi soit-il. »

« et ceux à qui tu auras donné asile te jetteront leurs malé-
« dictions, parce qu'ils auront trouvé la mort en ton sein. »
(*La Vie et les Œuvres de Marie Lataste*, t. III, page 411.)

(177) Paris a répandu sur toute la terre, par ses innombrables publications, par l'entraînement irrésistible de son esprit de propagande, par ses armées qui ont fait le tour de l'Europe, et par la politique des gouvernements qui ont résidé dans son sein, les principes de 89 et les idées révolutionnaires qui fermentent chez toutes les nations et menacent le continent d'une conflagration universelle.

(178) C'est la vérité qui fait libres les peuples et les individus. Paris étant sous la domination des principes antichrétiens, est tributaire de l'erreur.

(179) La véritable civilisation est celle qu'apporte l'Evangile, lequel adoucit les mœurs et réfrène les passions. Il est inutile de rappeler les exemples de barbarie qu'a donnés et que donne encore Paris révolutionnaire.

CHAPITRE III.

PROPHÉTIES DE LA SŒUR DE LA NATIVITÉ.

I

Notice historique.

Jeanne Le Royer, dite en religion Sœur de la Nativité, fille de René Le Royer et de Marie Le Sénéchal, vint au monde, suivant l'extrait de son baptême, le 24 janvier 1731, au village de Beaulot, paroisse de la Chapelle-Janson, situé du côté de Lorient, à deux heures de la ville de Fougères, évêché de Rennes (Ille-et-Vilaine).

Ses parents étaient d'honnêtes laboureurs. Dès l'âge de quinze ou seize ans, elle perdit son père, et quelque temps après sa mère la quitta pareillement pour un monde meilleur.

Devenue orpheline, sa piété, qui avait été très-grande jusqu'alors, prit un essor nouveau, et elle résolut de se consacrer à Dieu sans partage ni retour.

Ce fut à Fougères, dans une communauté de Clarisses qui suivait la règle mitigée du pape Urbain V et qu'on appelait pour cette raison le couvent des Urbanistes de Fougères, qu'elle fut admise à prononcer ses vœux de religion en qualité de Sœur converse. Un prêtre éminent de la ville dont l'histoire nous a conservé le nom, M. Debrégel, avait présenté lui-même cette sainte fille aux religieuses en leur disant ces paroles inspirées qui résument tout son éloge : « Bénissons Dieu, mesdames ; il donne encore au monde des âmes extraordinaires et qu'il veut conduire lui-même par son divin Esprit. »

Elle annonça les malheurs de la grande Révolution, la ruine de l'Eglise en France, la mort de Louis XVI, et ses vues prophétiques s'étendent jusqu'aux derniers âges du monde.

Ses révélations furent recueillies par M. Genet, son directeur, qui fut obligé de s'expatrier au plus fort de la Révolution et de passer en Angleterre. Celui-ci communiqua son ouvrage, comme il nous l'apprend lui-même, à nombre de juges compétents et éclairés dans les différents lieux de son exil. « L'ouvrage, dit-il, a été lu et examiné par plus de cent théologiens profonds, savoir : sept ou huit de différents diocèses, docteurs et professeurs de théologie, abbés, auteurs de différents ouvrages estimés des académiciens mêmes; plus de quatre-vingts curés, vicaires et autres prêtres français et anglais également pieux et savants, sans parler de plusieurs personnes du monde très-instruites qui l'ont lu avec la même édification et le même contentement. « (*Vie et Révélations de la Sœur de la Nativité*, tome I, page 17.)

La Sœur de la Nativité mourut à Fougères, entourée de vénération, le 15 août 1798, à l'âge de soixante-six ans.

Les fragments de ses révélations que nous donnons

ici sont tirés d'un ouvrage en quatre volumes intitulé : *Vie et Révélations de la Sœur de la Nativité, religieuse converse au couvent des Urbanistes de Fougères.* Il a été publié dès 1819.

II

Vision prophétique.

Voici ce que le Seigneur m'a fait connaître au sujet de la Révolution. L'Esprit du Seigneur m'a fait voir un arbre prodigieusement élevé et fort gros (180) ; il tenait à la terre, dans laquelle il était enraciné, par quatre racines aussi grosses que des tonneaux. Trois de ces racines paraissaient sur la terre et formaient comme un trépied ou trois jambes de force pour appuyer ce grand arbre ; la quatrième racine était dans les entrailles de la terre avec ses trois autres racines, qu'on eût dit qu'elles tiraient leur force et leur vigueur de la malice diabolique de l'enfer (180 *bis*), ainsi que me l'a dit l'Esprit du Seigneur.

Cet arbre n'avait ni feuilles ni verdure ; son écorce ressemblait au métal d'un canon et était aussi dure. Il me fut dit que cela signifiait que son esprit serait toujours guerrier. Ce gros arbre était si haut que je ne pouvais voir la coupelle (cime). Il était penché sur une église et se courbait sur elle comme pour l'écraser et la détruire. L'Esprit du Seigneur me dit qu'il n'en

---

(180-180 *bis*) Cet arbre est la figure de la Révolution ; Joseph de Maistre l'appelait *satanique*.

serait rien, qu'il conserverait son Eglise et qu'il la soutiendrait jusqu'à la fin des siècles; qu'on pouvait bien l'opprimer, mais que, malgré les persécutions, elle n'en deviendrait que plus florissante... J'ai vu plusieurs personnes de piété qui montaient et descendaient de cet arbre. Je voyais encore des ouvriers autour, avec des pics, des haches et plusieurs autres outils, comme dans la disposition de le déraciner et de l'abattre.

Je demandai à Notre-Seigneur ce que voulaient ces personnes qui montaient et descendaient de cet arbre; il me répondit : « Ils montent pour disposer et arran-« ger de gros câbles qui sont attachés à la coupelle de « cet arbre, afin de l'attirer hors de l'endroit où il « penche sur l'Eglise. » Ensuite Notre-Seigneur me fit connaître d'une manière plus claire tout ce qui regardait cet arbre, en me disant : « Toute l'Eglise « est en action pour abattre cet arbre; on voudrait le « déraciner, mais je ne le veux pas. Les fidèles me « sollicitent par leurs prières et par leurs gémisse-« ments qui me touchent le cœur; leurs larmes se-« ront écoutées. J'avancerai le temps d'abattre cet « arbre (181), mais c'est ma volonté, il ne sera coupé « qu'à ras de terre (181 *bis*). Voyez-vous, ajouta le

---

(181) Il sera abattu à l'époque du grand Roi et du grand Pontife. (Voir la prophétie d'Orval.)

(181 *bis*) Quoique abattue, la Révolution vivra toujours sous terre dans les sectes ténébreuses de la franc-maçonnerie, semblable à un feu caché sous la cendre; car elle doit se réveiller et triompher à la fin des temps, ainsi que nous l'avons vu dans la prophétie d'Orval, et comme l'annonce la Sœur de la Nativité.

« Seigneur, comme tout ce pauvre peuple s'agite, « dont plusieurs sont au pied de l'arbre avec des ou- « tils pour le déraciner ? Mais vous voyez, leurs ef- « forts sont inutiles, ils ne peuvent rien faire. C'est ma « volonté qui les arrête (182). Je connais la férocité et « la dureté de ces mauvais esprits, qui sont plus durs « que l'écorce de cet arbre où la hache ne peut entrer ; « mais j'opérerai un miracle par ma grâce (183). « Sans moi les hommes ne peuvent rien faire. »

J'ai vu en Dieu les personnes dont les prières touchaient le cœur de Dieu et lui faisaient comme une sainte violence, par laquelle ce Dieu de charité, qui n'est qu'amour, se laissait attendrir. Ce sont les bons prêtres qui gémissent et prient sous le joug de la pénitence, en s'unissant aux saints martyrs de nos jours qui prient dans l'ardeur de la charité divine qui est pure et parfaite. Prosternés devant le trône de Dieu, en union avec l'agneau de Dieu qui a souffert pour nous, ils crient miséricorde pour l'Eglise militante.

Je vois encore en Dieu que ces ouvriers avec leurs outils représentent les guerres faites pour la bonne cause, dans les bonnes intentions et suivant les règles légitimes.

Je vois en Dieu les peuples de la sainte Eglise qui sont en grâce se mettre en mouvement, et dans un grand silence agir et combattre avec les armes spiri-

---

(182) O Dieu ! que vos jugements sont profonds et impénétrables ! *Quis enim cognovit sensum Domini!*

(183) Il ne faut pas moins d'un miracle pour renverser la Révolution, grave enseignement pour ceux qui veulent l'arrêter par des demi-moyens et des transactions entre la vérité et l'erreur.

tuelles pour abattre l'arbre par leurs prières, qui sont figurées par ces câbles avec lesquels ils tirent l'arbre de son penchant pour qu'il n'opprime pas davantage la sainte Eglise. . . . .

Enfin il viendra un temps (184) où ce grand arbre que l'on voit à présent si fort en malice et en corruption, et qui ne produit que des fruits empoisonnés et pestiférés, sera abattu. Quand l'heure du Seigneur sera venue, il arrêtera dans un moment (185) ce fort armé de Satan, et renversera ce grand arbre par terre plus vite que le petit David ne renversa le grand géant Goliath. Alors on s'écriera : « Réjouissons-nous, les ouvriers d'iniquité sont vaincus par la force du bras tout puissant du Seigneur. »

Je vois en Dieu que notre mère la sainte Eglise s'étendra en plusieurs royaumes, même en des endroits où il y a plusieurs siècles elle n'existait plus (186). Elle produira des fruits en abondance, comme pour se venger des outrages qu'elle aura souf-

---

(184) C'est l'heure que nous attendons tous les jours. Que de prières ont été faites pour faire violence au cœur de Dieu afin qu'il daigne renverser la révolution !.....

(185) Voir la prophétie d'Orval, n° 112.

(186) Triomphe de l'Eglise sous le 6e âge. (Voir nos 127 et suivants.) On ne pourrait se lasser d'étudier cette remarquable vision, où l'action de Dieu dans les événements de ce monde et le rôle de l'homme sont dépeints sous de si vives couleurs. En présence de ce spectacle où nous voyons à découvert les ressorts secrets du gouvernement de Dieu, comme on plane au dessus des arguties humaines ! comme on saisit la véritable importance de cette parole de Donoso Cortez : « On ne comprend rien au gouvernement quand on ne sait pas la science mystique ! »

ferts par l'oppression de l'impiété et par les persécutions de ses ennemis.

Dieu s'est servi de la verge de l'impiété révolutionnaire pour réveiller les royaumes chrétiens où s'affaiblissaient la foi et la religion.

Mais après qu'il aura satisfait sa justice, il versera des grâces abondantes sur son Eglise, il étendra la foi et ranimera la discipline de l'Eglise dans toutes les contrées où elle était devenue tiède et lâche.

AUTRE VISION.

J'étais en esprit sur le sommet d'une belle montagne où je jouissais d'un air pur et du coup d'œil d'un horizon des plus charmants. Sur cette belle montagne s'élevait une maison très-régulièrement construite et d'une apparence des plus imposantes; ce qui me choquait, c'était d'en voir toutes les avenues libres et toutes les entrées ouvertes de toutes parts aux étrangers qui y accouraient en foule avec un air très-dissipé.

Pendant que j'admirais tout avec des yeux très-attentifs, j'observai que l'air fut tout à coup obscurci par des vapeurs qui s'élevaient de terre, et qui, parvenues à la moyenne région, formèrent un nuage noir et épais qui fut insensiblement poussé vers la montagne par un vent brûlant qui partait d'un certain point de l'horizon. Cette vapeur malfaisante, qui dérobait la clarté du jour, annonçait un orage terrible, aussi bien que le tourbillon qui l'agitait. Je soupçonnais un désastre, mais j'aperçus sous le nuage un objet sensible qui, pendant un instant, me fit compter sur un secours d'en haut. C'était une espèce de croissant de couleur rousse qui s'agitait en tous sens par un mouvement très-précipité. Je ne savais si je devais espérer ou craindre de cette apparition que je ne pouvais comprendre.

Enfin, arrivé jusque sur la montagne, il se détache du nuage et vient pour ainsi dire tomber à mes pieds. O Dieu! quelle frayeur! C'était un épouvantable dragon dont le corps couvert d'écailles de différentes couleurs présentait un aspect effrayant; il avait du feu dans les yeux et la rage dans le cœur, il dressait fièrement la tête et la queue, et, armé de griffes et d'un double rang de dents longues et meurtrières, il menaçait de tout mettre en pièces. Il se précipita aussitôt vers la belle maison, en prenant pourtant un certain détour comme pour m'éviter, quoiqu'il parût très-animé contre moi.. Je frémis à cette vue, et mon premier mouvement fut de crier de toutes mes forces qu'on fermât les portes et qu'on prît garde à la fureur du dragon... On m'écouta d'un air distrait et moqueur, on me prit pour une folle et une extravagante. Personne ne se mit en peine de profiter de mes avis, et mon zèle ne fut payé que par des insultes.

Cependant le dragon s'avançait, et déjà il avait fait des victimes de sa rage. On commençait à ouvrir les yeux et à demander du secours, lorsque Dieu me commanda d'attaquer le monstre et de l'empêcher de nuire. Mais quelle apparence, disais-je, qu'une pauvre fille comme moi, sans armes et sans force, puisse jamais en venir à bout? J'eus beau m'en défendre, il fallut obéir à l'ordre qui exigeait le sacrifice de ma vie pour le salut de tous. Je me précipitai donc sur le dragon pour l'arrêter et le combattre... O prodige ! à peine l'eus-je attaqué qu'il ne put me résister : ce fut le lion entre les mains de Samson. Dans ce moment, je le mis en pièces malgré ses efforts... Je déchirai dans un transport véhément ses membres palpitants ; et les spectateurs comprirent le danger dont je les avais délivrés.

Voici l'explication que Jésus-Christ m'a donnée de cette vision : La montagne et la maison (2e volume, page 28) représentent le royaume de France ; les portes et les avenues en sont ouvertes, parce que depuis longtemps la dissipation et la curiosité du Français, plus encore l'amour de la liberté, qui lui sont comme naturelles, le rendent susceptible de nouveautés en fait de croyance et très-capable de donner dans les systèmes les plus extravagants. Il n'est rien que l'on ne puisse admettre avec de pareilles dispositions.

Ces vapeurs grossières qui se sont élevées de la terre et qui ont obscurci la lumière du soleil, ce sont les principes d'irréligion et de libertinage qui, produits en partie de la France et en partie venus de l'étranger, sont parvenus à confondre tous les principes, à répandre partout les ténèbres et à obscurcir jusqu'au flambeau de la foi comme celui de la raison... L'orage s'est poussé vers la France, qui doit être le premier théâtre de son ravage après en avoir été le foyer... L'objet qui paraissait sous le nuage figurait la révolution ou la nouvelle constitution (187) qu'on prépare à la France ; il vous paraissait venir du ciel, quoiqu'il ne fût formé que des vapeurs de la terre ;

---

(187) Constitution imposée à la France par la Révolution de 89.

vous ne l'avez bien connu qu'en le voyant (188) d'après sa forme et ses projets destructeurs. De même la nouvelle constitution paraîtra à plusieurs tout autre qu'elle n'est; on la bénira comme un présent du ciel, quoiqu'elle ne soit qu'un présent de l'enfer que le ciel permet dans sa juste colère ; ce ne sera que par ses effets qu'on sera forcé de reconnaître le dragon qui voulait tout détruire et tout dévorer... Enfin, par mon ordre et mon secours, vous en avez triomphé. Ici, ma fille, vous représentiez *mon Eglise assemblée* (189), *qui doit un jour foudroyer et détruire le principe vicieux* de cette criminelle constitution

J'ai vu (190) en esprit *une grande salle qui avait assez l'air d'une église* (191) ; elle était presque remplie de prêtres revêtus d'aubes très-belles et très-fines, comme pour une grande fête, mais ils n'avaient point de chasubles ni de chapes. Ils étaient tous frisés et poudrés à blanc (192) ; leur contenance et leur figure annonçaient le contentement et la gaîté. Ils chantaient des airs de jubilation. Quelques uns d'eux lisaient

---

(188) N'a-t-on pas célébré sur tous les tons les erreurs révolutionnaires, qui, depuis de si longues années, n'accumulent que des désastres autour de nous ?

(189) C'est le grand concile œcuménique du Vatican.

(190) La Sœur de la Nativité a spécifié elle-même que ce passage devait trouver sa place ici (2e vol., p. 29).

(191) Pour quiconque connaît la basilique de Saint-Pierre et la partie qui en est réservée au concile, la description ne saurait être plus exacte.

(192) Dieu montre à la Sœur les évêques du concile et leurs théologiens frisés et poudrés, comme il était d'usage dans son temps pour les grandes cérémonies.

tout haut des productions en vers et en prose auxquelles les autres applaudissaient en s'écriant : « Cela est bon, cela est excellent, cela est de toute beauté; il n'y pas moyen d'y répondre... » C'étaient différents ouvrages, différentes preuves composées pour la défense de la bonne cause (193)... J'étais ravie de joie en voyant leur contentement... Bon ! me disais-je à moi-même, voilà pourtant quelque chose qui annonce une pleine victoire !... Que Dieu soit béni, et que sa religion et sa cause triomphent !... Enfin le bon ordre va reparaître !...

Mais pendant que j'allais me livrer à ces doux transports, j'aperçus auprès de moi l'Enfant Jésus qui en eut bientôt modéré toutes les saillies par le peu de paroles qu'il m'adressa. Il me parut âgé comme de trois ans; il tenait en main une grande croix, et me dit en me regardant d'un air triste : « Ma fille, ne « vous y fiez pas, vous allez bientôt voir du changement; tout n'est pas fini, et ils ne sont pas au bout, « comme ils le pensent. Non, croyez-moi, il n'est pas « encore temps de chanter victoire. Voilà bien l'aurore qui commence, mais le jour qui la suivra sera « pénible et orageux (193 *bis*). »

Je vois dans la Divinité *une grande puissance* (194)

(193-193 *bis*) On ne saurait trop admirer comment Dieu s'est plu à faire annoncer de longues années à l'avance cette première partie du concile, qui s'est fait remarquer par une grande quantité d'écrits en faveur de l'infaillibilité, laquelle a été proclamée par le concile avec une allégresse immense. Tout le monde disait : *Voilà bien l'aurore du triomphe;* mais le jour qui la suit n'est-il pas *pénible et orageux ?*

(194) Les catholiques étaient surabondants de joie et dis-

conduite par le Saint-Esprit, et qui par un second bouleversement rétablira le bon ordre... Je vois en Dieu une assemblée nombreuse des ministres de l'Eglise (195) qui, comme une armée rangée en bataille, et comme une colonne forte et inébranlable, soutiendra *les droits de l'Eglise et de son Chef* (196), rétablira *son ancienne discipline* (197) ; en particulier, je vois deux ministres du Seigneur (198) qui se signaleront dans ce glorieux combat par la vertu du Saint-Esprit, qui enflammera d'un zèle ardent tous les cœurs de cette illustre assemblée.

Tous les faux cultes seront abolis, je veux dire tous

---

posés, comme la Sœur, à s'abandonner aux transports de leur allégresse ; ils ne savaient pas que la seconde partie du concile ne pourrait se tenir que quand le grand Monarque, appelé *le Secours de Dieu* par Holzhauser, aurait, par une contre-révolution, opéré le rétablissement de l'ordre.

(195) C'est ici le grand concile qui ouvre le 6e âge de l'Eglise. (Voir n° 130.)

(196-197) Le concile du Vatican doit se caractériser 1° par la restauration des droits de l'Eglise sur les peuples que les principes révolutionnaires voulaient séparer à jamais de leur mère ; 2° par l'affermissement de l'autorité du Pape contre le gallicanisme, fils du protestantisme et frère de la révolution (proclamation de l'infaillibilité) ; 3° par des mesures disciplinaires qui feront revivre l'ancienne discipline de l'Eglise.

(198) Ces deux ministres sont probablement Pie IX et son successeur. Pie IX a présidé à la première partie du concile ; d'après Holzhauser, il paraîtrait que ce serait son successeur qui, d'accord avec le grand Monarque, tiendra ces grandes assises de la catholicité avec tant de gloire et de succès qu'on y reconnaîtra une protection du ciel. (Voir n° 130.)

les abus de la révolution seront détruits et les autels du vrai Dieu rétablis. Les anciens usages seront remis en vigueur, et la religion, du moins à quelques égards, deviendra plus florissante que jamais.

Je vois tous les pauvres peuples, fatigués des travaux et des épreuves si rudes que Dieu leur avait envoyés (199), tressaillir par la joie et l'allégresse que Dieu répandra dans leur cœur. Ils diront : Seigneur, vous avez versé dans nos cœurs la joie et la force de la jeunesse ; nous ne nous ressentons plus ni des travaux, ni des fatigues, ni des persécutions que nous avons endurées. L'Eglise deviendra, par sa foi et par son amour, plus fervente et plus florissante que jamais. Cette bonne mère verra plusieurs choses éclatantes, même de la part de ses persécuteurs, qui viendront se jeter à ses pieds, la reconnaître (199 *bis*), et demander pardon à Dieu et à elle de tous les forfaits et de tous les outrages qu'ils lui ont faits. Cette sainte mère les recevra dans la charité de Jésus-Christ.

Je vois en Dieu que l'Eglise jouira d'une profonde

---

(199) Parmi les épreuves qu'ont eu à subir les hommes durant ces dernières années, les fléaux qui ont ravagé la terre ne tiennent pas une place médiocre. Depuis les inondations et les sécheresses, depuis la pourriture des pommes de terre, l'oïdium et la peste bovine jusqu'au *phyloxera vastatrix*, que de calamités de tous genres ont fondu sur les campagnes ! Sainte Hildegarde, dont nous avons parlé au n° 135, nous annonce que l'air redeviendra pur et serein. Notre-Dame de la Salette avait dit : « S'ils se convertissent, les pierres seront changées en monceaux de blé ! » La disette et le choléra exécutent, comme la guerre, les ordres de Dieu !

(199 *bis*) Voir nos 131 et suivants et 186.

paix pendant quelque temps, qui me paraît devoir être un peu long. La trève sera plus longue cette fois-ci qu'elle ne le sera d'ici au jugement général, dans l'intervalle des révolutions. Plus on approchera du jugement général, plus les révolutions contre l'Eglise seront abrégées, et la paix qui se fera ensuite sera aussi plus courte, parce qu'on avancera vers la fin des temps, où il ne restera presque plus de temps à employer, soit pour le juste à faire le bien, soit pour l'impie à faire le mal.

L'Eglise sera rétablie, et j'ai dit qu'elle jouira d'une assez longue paix, mais toujours un peu dans la crainte, parce qu'elle verra beaucoup de guerres, à plusieurs reprises, entre plusieurs rois et princes des royaumes. Les trèves des guerres seront courtes, et il y aura beaucoup d'agitation dans les lois civiles.

LUTTES DE L'ÉGLISE APRÈS LE GRAND TRIOMPHE.

J'ai dit ci dessus (200) que l'arbre sera abattu ; mais comme il ne sera coupé qu'à ras de terre, les quatre racines pousseront leurs malices ordinaires, qui seront pires encore qu'auparavant. J'ai dit aussi que la paix de l'Eglise, lorsqu'elle sera rétablie, sera cette fois-ci un peu de longue durée. Voici ce que le Seigneur m'a montré à l'égard des quatre racines :

Il me conduisit sur une haute montagne, où je vis un grand arbre bien garni de branches et chargé de fleurs et de fruits de plusieurs espèces. Sa belle ver-

---

(200) Voir nos 184 et 185.

dure, sa grande vigueur et la beauté variée de ses fruits présentaient à la vue un coup d'œil admirable. A quinze ou vingt pieds de ce bel arbre, je vis sortir de terre quatre jets vis-à-vis les uns des autres en carré, et distants l'un de l'autre de quatre ou cinq pieds. Dans un instant ils grandirent tous les quatre également, en poussant leurs coupelles (cimes) jusqu'au dessus de ce bel arbre chargé de fruits, et devinrent gros comme la cuisse, bien verts et droits comme des flèches. Incontinent j'entendis parler plusieurs personnes qui étaient dans l'arbre chargé de fruits, et qui dirent : « Voilà des sauvageons qui vont offusquer notre arbre ; il ne faut pas les épargner, parce qu'ils sont mauvais et que leurs fruits sont très-amers. » Dans le moment même il parut des ouvriers qui les scièrent à ras de terre.

Il me fut fait connaître que ce grand et bel arbre, si chargé de fruits, représentait l'Eglise, et que ces quatre jets que j'avais vu croître et aussitôt détruire étaient les ennemis de l'Eglise, qui, après avoir formé dans le secret leurs projets et leurs complots, se hâteraient d'arriver en toute diligence pour attaquer notre mère la sainte Eglise, figurée par ce bel arbre (201).

La Sœur de la Nativité entre ensuite dans des développements circonstanciés sur la nature des attaques perfides que les chefs de l'impiété emploieront contre l'Eglise, et sur la manière dont celle-ci en triomphera.

Puis les impies se cachent de nouveau et rentrent dans l'ombre du mystère pour composer des livres

(201) Voir nº 136.

pernicieux. Leurs progrès sont rapides et cachés. Leur hypocrisie est le gage de leur sécurité. Bientôt, fiers de leurs succès, ils se montrent au grand jour et trompent les peuples par leurs fausses et apparentes vertus. L'Eglise, étonnée et affligée, s'assemble en concile et découvre enfin leur hypocrisie. Le caractère de cette guerre contre l'Eglise est celui d'une habile séduction.

L'Eglise emploiera les armes spirituelles dans une si grande désolation. Elle ordonnera des prières publiques, des missions et des jubilés dans tous les royaumes. Un grand nombre d'âmes égarées se convertissent ; même parmi les chefs, plusieurs abjurent leurs erreurs et deviennent des saints.

Après la conversion de plusieurs d'entre eux, les chefs de l'assemblée impie se dévouent au service de Satan, qui leur annonce et leur promet pour chef l'Antechrist. L'enfer se soulève contre l'Eglise.

Tel est le résumé succinct des révélations de la Sœur de la Nativité, touchant les combats de l'Eglise après l'époque du grand Pape et du grand Monarque.

CHAPITRE IV.

PROPHÉTIES DE MARIE LATASTE.

Marie Lataste naquit le 21 février 1822 à Nimbaste, petit village du département des Landes, situé, comme celui qui fut le berceau de saint Vincent de Paul, à quelques kilomètres de Dax. Son père s'appelait François Lataste, et sa mère Elisabeth Pourlet ; ils n'étaient riches ni l'un ni l'autre des biens de la terre, et ne possédaient qu'un petit domaine appelé *le Grand-Cassou*, ou le Grand-Chêne ; il suffisait tout juste à l'entretien de l'humble famille. C'est dans cette retraite que Marie fut disposée par le Seigneur, loin des séductions du monde, à recevoir les insignes faveurs dont il voulut enrichir cette âme prédestinée.

Son éducation ne fut pas brillante ; elle n'eut jamais d'autre institutrice que sa mère, qui, restée orpheline à l'âge de dix ans, était sortie de l'école à cette époque, ne sachant encore que lire et écrire ; elle apprit à Marie le peu qu'elle savait. Mais celle-ci, depuis 1839, fut favorisée de communications célestes, qui remplirent sa belle âme de la science divine et infuse. Sur l'ordre de son directeur, elle écrivit ses communications afin qu'il pût les juger. Il fut émerveillé de la profondeur de sa sagesse et de la sublimité de sa doctrine, et y reconnut l'esprit de

Dieu. L'abbé Dupérier, directeur au grand séminaire de Dax, partagea son avis, et ses cahiers furent conservés avec le plus grand soin.

Au mois de mai 1844, Marie Lataste entra au couvent du Sacré-Cœur de Paris en qualité de Sœur coadjutrice. Le 4 mai 1846, elle quittait le noviciat de Conflans avec quelques religieuses, sous la conduite de la Révérende Mère de Charbonnel, pour aller fonder le Sacré-Cœur de Rennes en Bretagne. Marie Lataste y mourut en odeur de sainteté, le 10 mai 1847, à l'âge de vingt-cinq ans, deux mois et dix-huit jours, en réalisation littérale de la révélation que lui fit Notre-Seigneur alors qu'elle n'avait que dix-neuf ans, en lui disant : « ... Tu verras ta vingt-cinquième année dans son entier, mais tu mourras avant d'avoir achevé la vingt-sixième. »

M. l'abbé Pascal Darbins a fait paraître en 1862, sous ce titre : *la Vie et les Œuvres de Marie Lataste*, un ouvrage en trois volumes, revêtu de l'approbation de l'évêque d'Aire, qui renferme tous les écrits de cette âme d'élite. On n'a fait que coordonner les matières et corriger les fautes d'orthographe inévitables chez une fille si peu instruite. C'est de cet ouvrage, qui a fait l'admiration des personnages les plus éminents, que sont extraits les passages que nous allons citer. Il en est qui renferment de hautes leçons de philosophie et d'histoire.

Voici comment elle annonce la définition du dogme de l'Immaculée Conception et les persécutions de Pie IX :

« Un jour de fête de l'Immaculée Conception, j'étais venue prier devant l'autel de Marie... J'eus le bonheur de faire la sainte communion. Quand Jésus fut dans mon cœur, il me dit : « Ma fille, je veux récompenser votre piété par une nouvelle qui vous sera agréable. Le jour va venir où le ciel et la terre se concerteront ensemble pour rendre à ma Mère l'honneur qui lui est dû dans la plus belle de ses prérogatives. Le péché n'a jamais été en Marie, et sa conception a été pure, sans tache, immaculée comme le reste de sa vie. Je veux que sur la terre cette vérité soit proclamée et reconnue par tous les chrétiens. Je me suis choisi un pontife (201), et j'ai soufflé dans son cœur cette résolution. Il sera dominé par cette pensée pendant tout le temps de son pontificat. Il réunira (202) les évêques du monde pour entendre leurs voix proclamer Marie immaculée dans sa conception. Toutes les voix des évêques se réuniront dans sa voix, et sa voix, proclamant les croyances des autres voix, retentira (203) dans le monde entier. Alors sur la terre rien ne manquera à l'honneur de ma Mère. Les puissances infernales et leurs suppôts s'élèveront contre cette gloire de Marie, mais Dieu la soutiendra de sa force, et les puissances infernales rentreront dans leurs abîmes avec leurs suppôts. Ma Mère apparaîtra au monde sur un piédestal solide et inébranlable ; ses pieds seront de l'or le

---

(201) Pie IX.

(202) En 1854, Pie IX avait autour de lui, pour l'auguste cérémonie, cinquante-trois cardinaux, quarante-trois archevêques, cent évêques venus de tous les points du monde. Tous les évêques de l'univers avaient auparavant envoyé leur adhésion au dogme.

(203) Par la bulle *Ineffabilis Deus* du 8 décembre 1854.

plus pur, ses mains comme de la cire blanche fondue, son visage comme un soleil, son cœur comme une fournaise ardente. Une épée sortira de sa bouche et renversera ses ennemis et les ennemis de ceux qui l'aiment et l'ont proclamée sans tache (204).

« Ceux de l'Orient l'appelleront la Rose mystique, et ceux du Nouveau-Monde la Femme forte. Elle portera sur son front, écrit en caractères de feu : *Je suis la ville du Seigneur, la protection des opprimés, la consolation des affligés, le rempart contre les ennemis*. Or l'affliction (205) viendra sur la terre, l'oppression règnera dans la cité (206) que j'aime et où j'ai laissé mon cœur. Elle sera dans la tristesse et la désolation, environnée d'ennemis de toutes parts, comme un oiseau pris dans les filets (207). Cette cité paraîtra succomber pendant (trois ans) (208), et un peu de temps encore après ces trois ans (209).

---

(204) Dans la grande victoire de l'ordre sur la révolution que doit remporter le grand Monarque.

(205) La persécution contre l'Eglise qui a commencé en 1859.

(206) L'oppression règne autour de Rome depuis que les usurpateurs de l'Italie ont resserré le cercle autour de la ville, c'est-à-dire depuis 1859 et 1860, et elle règne dans Rome depuis la prise sacrilége de la ville sainte durant les derniers mois de l'année 1870.

(207) Tel est, depuis 1860, l'état qui caractérisa Rome jusqu'au moment où la ville a été complètement envahie.

(208) Dans l'autographe, le texte n'a pas ces deux mots ajoutés entre parenthèses par M. Darbins. C'est sans doute une faute d'attention, comme l'indique la suite de la phrase.

(209) Il est probable que ces trois ans comptent à partir

Mais ma Mère descendra dans la cité, elle prendra les mains du vieillard assis sur un trône (210) et lui dira : « Voici l'heure, lève-toi. Regarde tes ennemis ; je les « fais disparaître les uns après les autres (211), et ils « disparaissent pour toujours. Tu m'as rendu gloire au « ciel et sur la terre (212), je veux te rendre gloire « sur la terre et au ciel (213). Vois les hommes : ils « sont en vénération devant ton nom, en vénération « devant ton courage, en vénération devant ta puis- « sance.. Tu vivras (214), et je vivrai avec toi. Vieil- « lard, sèche tes larmes, je te bénis. »

---

de la convention du 15 septembre 1864, par laquelle Napoléon livrait Rome à l'Italie tout en paraissant la protéger. De 1854 à 1867, époque où il a fallu que la France intervînt pour repousser l'invasion, il s'est écoulé trois ans. Alors tout danger, au moins imminent, cesse jusqu'au mois d'août 1870. Depuis le jour de l'occupation de Rome par l'armée italienne jusqu'au moment de l'expulsion de l'étranger, il s'écoulera *un peu de temps encore, après ces trois ans*.

(210) Marie fera triompher Pie IX.

(211) Mort ou défaite successive des ennemis les plus acharnés de l'Eglise. Plusieurs ont déjà pris le chemin de l'éternité, entre autres Cavour, qui mourut le 6 juin 1861 d'une mort qu'on peut regarder comme tragique. Napoléon a été honteusement déclaré déchu du trône le 4 septembre 1870. Que les autres persécuteurs se tiennent sur leurs gardes !

(212) Par la proclamation de l'Immaculée Conception.

(213) Par la définition de l'infaillibilité.

(214) Il est évident par ces paroles que Pie IX vivra assez longtemps pour être témoin du commencement du triomphe.

« La paix reviendra dans le monde parce que Marie soufflera sur les tempêtes et les apaisera (215) ; son nom sera loué, béni, exalté à jamais. Les captifs reconnaîtront lui devoir leur liberté, et les exilés la patrie, et les malheureux la tranquillité et le bonheur. Il y aura entre elle et tous ses protégés un échange mutuel de prières et de grâces, et d'amour et d'affection, et de l'orient au midi, du nord au couchant, tout proclamera Marie, Marie conçue sans péché, Marie Reine de la terre et des cieux. »

Jésus-Christ dit un autre jour à Marie Lataste : « Le premier roi, le premier souverain de France, c'est moi (216). Je suis le maître de tous les peuples,

---

(215) C'est à Marie que l'on sera redevable de la grande ère de triomphe et de paix pour l'Eglise.

(216) « La France est le royaume le mieux gouverné, car c'est la Providence qui le gouverne. » (Paroles de Benoît XIV.) Il est bon à ce propos de rapporter la célèbre prophétie de saint Remy à Clovis sur les destinées de la France. Elle est rapportée par Baronius dans ses *Annales ecclésiastiques*, ans 494 et 512. Le célèbre archevêque de Reims, Hincmar, dit déjà au VIe siècle qu'elle fut faite à Clovis la veille de son baptême. Elle est citée par Vincent de Beauvais (*Speculum historiale*, l. XX, c. XLIX). Gerson dans le panégyrique de saint Louis, Godefroy de Viterbe, Aimoin (l. V, c. XXI), Hippolyte, évêque sicilien, et plusieurs écrivains byzantins en font mention, entre autres Agathias et Chalcondyle.

Voici, d'après Hincmar, les circonstances qui donnèrent lieu à cette prophétie : « Dans la soirée qui précéda la cérémonie du baptême, le saint et vénérable Remy passa quelques heures en prière devant l'autel de l'église de Sainte-Marie, pendant que la reine Clotilde priait elle-même dans l'oratoire de Saint-Pierre, à proximité de la demeure royale.

de toutes les nations, de tous les royaumes, de tous les empires, de toutes les dominations; je suis particulièrement le maître de la France. Je lui donne prospérité, grandeur et puissance au dessus de toutes les autres nations, quand elle est fidèle à écouter ma voix. J'élève ses princes au dessus de tous les autres princes du monde quand ils sont fidèles à écouter ma voix. Je bénis ses populations plus que toutes les autres populations de la terre quand elles sont fidèles à écouter ma voix. J'ai choisi la France pour la donner à mon Eglise comme sa fille de prédilection. A peine avait-elle plié sa tête sous mon joug qui est suave et léger, à peine avait-elle senti le sang de mon cœur tomber sur son cœur pour la régénérer, pour la dé-

---

Après son oraison, le pontife se rendit auprès du roi, voulant profiter du silence de la nuit pour donner ses dernières instructions au néophyte couronné. Les *cubicularii* (chambellans) lui ouvrirent les portes et l'introduisirent près de leur maître. Clovis s'avança à sa rencontre, l'embrassa et le conduisit près de la reine, dans l'oratoire du très-bienheureux Pierre, prince des apôtres. On disposa des siéges pour le roi, la reine, les clercs qui avaient accompagné le pontife et un certain nombre de serviteurs du palais, seuls témoins de cette scène imposante. Remy, dans une allocution fraternelle, résuma pour la dernière fois les instructions évangéliques des jours précédents. Pendant qu'il parlait, une lumière céleste éclata soudain dans l'église, effaçant la lueur des cierges allumés, et une voix se fit entendre qui disait : « Que la paix soit avec vous. C'est moi, ne craignez point ; persévérez dans mon amour. » Après ces paroles, la lumière surnaturelle disparut, et un parfum d'une suavité céleste se répandit dans l'enceinte. Le roi et la reine se précipitèrent aux genoux du saint pontife, en

pouiller de sa barbarie et lui communiquer ma douceur et ma charité, qu'elle devint l'espoir de mes pontifes, et bientôt après leur défense et leur soutien. Ils lui donnèrent le nom bien mérité de *Fille aînée de l'Eglise*. Or, vous le savez, tout ce qu'on fait à mon Eglise, je le regarde comme fait à moi-même. Si on l'honore, je suis honoré en elle ; si on la défend, je suis défendu en elle ; si on la persécute, je suis persécuté en elle ; si on la trahit, je suis trahi en elle ; si on répand son sang, c'est mon sang qui coule de ses veines. Eh bien ! ma fille, je le dis à l'honneur, à la gloire de votre patrie, pendant des siècles la France a défendu, protégé mon Eglise ; elle a été mon instrument plein de vie, le rempart indestructible et visible

---

versant des larmes d'émotion et de joie. L'homme de Dieu, illuminé lui-même par l'esprit prophétique, parla en ces termes au chef des Francs : « Apprenez, mon fils, « que le royaume de France est prédestiné par Dieu à la « défense de l'Eglise romaine, qui est la seule véritable « Eglise du Christ. Ce royaume sera un jour grand entre « tous les royaumes de la terre ; il embrassera toutes les « limites de l'empire romain, et soumettra tous les au- « tres royaumes à son sceptre ; il durera jusqu'à la fin des « temps ; il sera victorieux et prospère tant qu'il restera « fidèle à la foi romaine et ne commettra pas un de ces « crimes qui ruinent les nations, mais il sera rudement « châtié toutes les fois qu'il sera infidèle à sa vocation. »

En parlant ainsi, le visage de l'évêque resplendissait de gloire, comme autrefois celui de Moïse. Le législateur évangélique des Francs avait une auréole semblable à celle du chef des Hébreux. » (Hincmar, *Vit. S. Remig.*, cap. XXXVII. Baronius, *Annales ecclésiastiques*. Vincent de Beauvais, *Speculum historiale*.)

que je lui donnais pour la protéger contre ses ennemis. Du haut du ciel j'avais mon œil sur la France, et je la protégeais, je la bénissais, elle, ses rois et leurs sujets. Que de grands hommes elle a produits, c'est-à-dire que de saints dans toutes les conditions, sur le trône comme dans les plus humbles chaumières ! Que de grands hommes elle a produits, c'est-à-dire que d'intelligences amies de l'ordre et de la vérité ! Que de grands hommes elle a produits, c'est-à-dire que d'esprits uniquement fondés pour leurs actions sur la justice et sur la vérité ! Que de grands hommes elle a produits, c'est-à-dire que d'âmes embrasées du feu brûlant de la charité ! C'est moi qui lui ai donné ces hommes qui feront sa gloire à jamais.

« Ma générosité n'est point épuisée pour la France ; j'ai les mains pleines de grâces et de bienfaits que je voudrais répandre sur elle. Pourquoi a-t-il fallu (217), faut-il (218) encore et faudra-t-il (219) donc que je les arme de la verge de ma justice ?

« Quel esprit de folle liberté a remplacé dans son cœur l'esprit de la seule liberté véritable descendue du ciel, qui est la soumission à la volonté de Dieu ? Quel esprit d'égoïsme sec et plein de froideur a remplacé dans son cœur l'esprit ardent de la charité descendue du ciel, qui est l'amour de Dieu et du prochain ? Quel esprit de manœuvres injustes et de politique mensongère a remplacé dans son cœur la noblesse de sa

---

(217) Durant toute la période de la grande Révolution et les guerres de l'Empire, puis en 1830.

(218) Le règne de Louis-Philippe était un châtiment.

(219) En 1848, et surtout de nos jours, depuis la fatale guerre d'Allemagne.

conduite et la droiture de sa parole, conduite et parole autrefois dirigées par la vérité descendue du ciel, qui est Dieu lui-même?

« Je vois encore, je verrai toujours dans le royaume de France des hommes soumis à ma volonté, des hommes enflammés de charité, des hommes amis de la vérité; mais à cette heure, ma fille, le nombre en est petit. Aussi elle brise le trône de ses rois (220), exile (221), rappelle (222), exile (223) encore ses monarques, souffle sur eux le vent des tempêtes révolutionnaires, et les fait disparaître comme des passagers d'un navire englouti dans les abîmes de l'Océan. A peine leur reste-t-il, dans ce naufrage, une planche de salut qui les mène quelquefois au rivage. Je lui ai suscité des rois (224); elle en a choisi d'autres à son gré. N'a-t-elle point vu, ne voit-elle pas que je me sers même de sa volonté pour la punir, pour lui faire lever les yeux vers moi? Ne trouve-t-elle pas aujourd'hui (225) le joug de son roi (226) pénible et onéreux? Ne se sent-elle pas humiliée devant les nations (227)? Ne

---

(220) Depuis 1789.

(221) 1° Exil de Louis XVIII, qui prit le titre de roi à la mort du Dauphin; 2° son exil aux Cent Jours.

(222) La Restauration.

(223) En 1830.

(224) Ses monarques sont ses rois légitimes, les petits-fils de saint Louis.

(225) Aujourd'hui, c'est-à-dire en 1843.

(226) Louis-Philippe.

(227) La décadence morale et une politique de la paix à tout prix nous abaissaient alors profondément aux yeux des peuples.

voit-elle pas la division (228) parmi les esprits de ses populations? Elle n'est point en paix. Tout est dans le silence à la surface ; mais tout gronde, tout mugit, tout fermente en dessous dans le peuple, dans ceux qui se trouvent immédiatement au dessus du peuple comme parmi les grands. L'injustice marche tête levée et semble être revêtue d'autorité ; elle n'a pas d'obstacle, elle agit comme elle veut agir (229). L'impiété fait ses préparatifs pour dresser son front orgueilleux et superbe dans un temps qu'elle ne croit pas éloigné et qu'elle veut hâter de tout son pouvoir. Mais en vérité, je vous le dis, l'impiété sera renversée, ses projets dissipés, ses desseins réduits à néant à l'heure où elle les croira accomplis et exécutés pour toujours.

« France ! France ! combien tu es ingénieuse pour irriter et pour calmer la justice de Dieu ! Si tes crimes font tomber sur toi les châtiments du ciel, la vertu de charité criera : Miséricorde et pitié, Seigneur ! Il te sera donné, ô France ! de voir les jugements de ma justice irritée, dans un temps qui te sera manifesté et que tu connaîtras sans crainte d'erreur (230) ; mais tu connaîtras aussi les jugements de ma compassion et de ma miséricorde (231), et tu diras : Louange et remercîment, amour et reconnaissance à Dieu à jamais dans les siècles et dans l'éternité !

« Oui, ma fille, au souffle qui sortira de ma bouche, les hommes, leurs pensées, leurs travaux, leurs

---

(228) Voir nº 85.
(229) Voir nºs 72 et suivants.
(230) Ce sont les malheurs actuels de la France.
(231) C'est la grande Restauration qui doit suivre.

projets disparaîtront comme la fumée dissipée par le vent.

« Ce qui a été pris sera rejeté (232), ce qui a été rejeté sera pris de nouveau (233). Ce qui a été aimé et estimé sera détesté et méprisé, ce qui a été méprisé et détesté sera de nouveau estimé et aimé.

« Quelquefois un vieil arbre est coupé dans une forêt (234), il ne reste plus que le tronc ; mais un rejeton (235) pousse au printemps, et les années le développent et le font grandir ; il devient lui-même un arbre magnifique, l'honneur de la forêt (236).

« Priez pour la France, ma fille, priez beaucoup, ne cessez point de prier. »

Marie entendit une autre fois Notre-Seigneur lui dire : « Priez pour la France ; je l'ai dit et je me plais à le répéter, si les coups de la justice de mon Père ne sont point tombés sur elle, c'est Marie, la Reine du ciel, qui les a arrêtés. Satan rugit de rage au fond des enfers contre un royaume qui lui a porté, à la vérité, de rudes coups ; il frémit de rage en voyant le bien qui se fait dans cette contrée ; il fait

---

(232) En 1848, Louis-Philippe fut renversé.

(233) L'héritier légitime, qui avait été écarté du trône, y sera de nouveau appelé.

(234) Le couteau de Louvel trancha les jours du duc de Berry, le dernier membre de la branche aînée, qui pouvait avoir des enfants.

(235) Le comte de Chambord fut un rejeton posthume dont son père annonça l'existence au moment de rendre le dernier soupir.

(236) Cette magnifique allégorie annonce la gloire future d'Henri V, le grand Monarque.

tous ses efforts pour augmenter le mal et irriter davantage la vengeance divine.

« Mais une chaîne qu'il ne peut briser le captive ; car ma Mère a un droit spécial sur la France, qui lui est consacrée, et par ce droit elle arrête le bras courroucé de Dieu et répand sur ce pays qui lui est voué les bénédictions du ciel pour le faire croître dans le bien. C'est pourquoi je ne cesse d'avertir pour prévenir d'immenses calamités (237).

« O France ! ta gloire (238) s'étendra au loin; tes enfants la porteront au delà de la vaste étendue des mers, et ceux qui ne te connaîtront que de nom prieront pour ta conservation (239) et ta prospérité ! »

Voici des paroles qui lui furent adressées d'une voix forte et d'un ton assuré :

« Le Seigneur a abaissé ses yeux sur la prière des âmes humbles, et il n'a point méprisé leurs demandes. Sion sera rétablie (240), et on écrira le rétablissement de Sion dans les annales de l'histoire, pour en faire passer le souvenir aux derniers âges (241), afin que les générations à venir louent le Seigneur

---

(237) Les avertissements de Notre-Dame de la Salette entre autres.

(238) L'époque du grand Monarque.

(239) Parce que la France, entre les mains du grand Roi, sera l'instrument dont Dieu se servira pour rétablir l'ordre et la religion dans le monde.

(240) Rétablissement du domaine temporel de l'Eglise et de sa gloire spirituelle, qui prendra des accroissements immenses, comme nous l'avons vu plus haut.

(241) A cause de l'éclat avec lequel Dieu fera triompher la vérité et son Eglise.

de ce qu'il a regardé du haut de son sanctuaire et contemplé la terre du haut des cieux, pour entendre les gémissements des captifs et pour briser les liens des enfants de ceux qui ont été mis à mort (242). »

---

(242) La mort de l'âme est une mort véritable. L'accroissement que prendra la religion durant le 6e âge de l'Eglise brisera les fers d'un grand nombre d'esclaves de l'erreur.

CHAPITRE V.

CONCORDANCE DES PROPHÉTIES MODERNES AVEC L'ÉCRITURE ET LES SIGNES DE NOTRE ÉPOQUE (1).

Tu elegisti me regem populo tuo.
Vous m'avez choisi pour être roi de votre peuple.
(SAG., IX, 7.)

Il est des heures où Jésus-Christ tient à affirmer avec éclat sa royauté sur ce monde, et pour cela il renverse violemment tous les obstacles qui pourraient s'opposer à la réalisation de ses desseins.

Ces heures sont rares et solennelles, et ce n'est que lorsqu'il a été provoqué depuis longtemps et que le mal partout triomphant menace de submerger l'Eglise et de ruiner la foi des fidèles qui osent encore lutter contre le courant, qu'il paraît majestueusement sur la scène du monde.

L'histoire nous fournit plusieurs exemples de cette intervention de Dieu dans les affaires de l'humanité, et les prophéties modernes nous assurent que la crise que nous traversons aura, au moment le plus inattendu, un semblable dénouement.

(1) Nous appelons prophéties modernes toutes celles qui ne sont pas tirées de l'Ecriture sainte, quelle que soit d'ailleurs leur date respective.

L'Ecriture de son côté nous tient le même langage, et le monde entier est plein de signes avant-coureurs des grandes merveilles que Dieu va opérer.

I

Rien n'a été nié de nos jours comme la royauté de Jésus-Christ en ce monde. Non seulement la révolution lui a refusé son titre de roi, mais encore une école soi-disant catholique, les libéraux, confondant la *distinction* avec la *séparation*, ont prétendu que dans la séparation de l'Eglise et de l'Etat se trouverait l'idéal des gouvernements.

Chacun a tenu à honneur de lancer la pierre à Jésus-Christ, en lui répétant, pour l'exclure des affaires humaines, ces paroles qu'il prononça dans le prétoire de Pilate : *Regnum meum non est de hoc mundo* (1), « Mon royaume n'est pas de ce monde ; » ce qui est loin de signifier qu'il n'a aucun titre pour régner ici-bas, mais simplement qu'il ne réclame que des hommages libres et qu'il laisse à l'homme la faculté de reconnaître ou de rejeter ses droits à la royauté, tandis que par delà la tombe tous sont forcés de rendre hommage à son sceptre, soit dans les joies de son amour, soit dans les rigueurs de sa justice.

Jésus-Christ est roi, non seulement parce qu'il est créateur, mais encore parce que son Père l'a couronné du pouvoir suprême et que lui-même a conquis le monde au prix de son sang.

(1) S. Jean, c. XVIII, v. 36.

« Je vous donnerai, lui a dit Dieu le Père, toutes les nations en héritage, et vous posséderez les confins de la terre.

« Vous les gouvernerez avec une verge de fer, et vous les briserez comme un vase d'argile (1).

« Car la souveraine puissance est à vous seul et vous demeurera toujours; et qui pourra résister à la force de votre bras?

« Le monde entier est devant vous comme un grain de sable qui incline à peine la balance et comme la goutte de rosée qui tombe le matin sur la terre (2).

« Aussi il n'y a ni roi ni tyran qui puisse vous demander compte de vos jugements (3). »

Les titres à la royauté de ce monde que Jésus-Christ a conquis en rachetant l'humanité déchue sont bien plus grands encore, car il n'est pas seulement venu pour sauver les âmes, mais pour opérer la rédemption universelle. « Il s'est fait, en répandant son sang sur la croix, le centre de réconciliation de tout ce qui se trouve sur la terre et dans les cieux (4). »

En conséquence, qui peut dire à quels abaissements il a arraché l'humanité tombée des splendeurs de l'Eden dans les froides et tristes régions des ténèbres et du malheur? Elle gémissait captive sous la triple chaîne de l'esclavage, de l'ignorance et du sensualisme. « Quelle horreur, disait Sénèque, si nos esclaves venaient à nous compter! » La Grèce et Rome, ces deux foyers de civilisation et de lumières,

(1) Ps. II, 8-9.
(2) Sag., XI, 22-23.
(3) Sag., XII, 13.
(4) Coloss., I, 20.

regorgeaient de ces malheureux qui ne vivaient que pour assouvir les instincts brutaux de leurs maîtres, les hommes libres. Toutes les nations de la terre apportaient leur tribut d'esclaves à la maîtresse de l'Italie et du monde. L'Egypte, l'Asie Mineure, l'Afrique, la Libye, les Gaules, l'Orient et l'Occident, le Nord et le Midi fournissaient leurs troupeaux d'hommes et de femmes. C'était la hideuse marchandise que l'on parquait dans l'*ergastulum* des patriciens avant qu'on jetât ces malheureux aux tigres et aux ours de l'amphithéâtre, où les matrones romaines et les vestales ordonnaient, en levant le doigt, qu'on mît à mort celles des victimes qu'avait épargnées la dent des bêtes !

Quant aux riches, « ils mangeaient pour vomir, ou vomissaient pour manger toujours, sans daigner même se donner la peine de digérer des repas dont la magnificence avait pour tributaires toutes les contrées du monde (1). »

« Les hommes, nous dit le livre de la Sagesse, sacrifient leurs enfants sur des autels impurs ; ils accomplissent des actes insensés, dans des mystères nocturnes souillés d'infamie. Plus de respect pour la vie, plus de sainteté dans les mariages ; la haine arme tous les bras, l'adultère flétrit tous les cœurs, au sein d'une effroyable confusion. Partout le sang, l'homicide, le vol, le mensonge, la corruption et l'infidélité, l'émeute et le parjure, l'oppression tumultueuse et l'oubli de Dieu, la souillure des âmes, la flétrissure des naissances, l'instabilité des unions, le désordre des époux, la luxure souveraine (2). »

(1) Sénèque.
(2) Sag., c. XIV, v. 23-27.

Que serait devenue l'humanité si Jésus-Christ ne l'avait rachetée par son sang? Déchirée, dispersée, décomposée, elle serait tombée en lambeaux, et, dans le cas où Dieu n'aurait point renouvelé les races épuisées au contact dissolvant du mal, la civilisation se serait éteinte dans les fanges du vice. Mais supposé que l'humanité eût suivi la marche ascendante du progrès matériel et en fût arrivée à nos découvertes merveilleuses, qui peut dire à quels excès d'horreur elle ne serait point actuellement descendue? Avec nos chemins de fer, nos télégraphes, notre vapeur, le monde entier serait la proie de quelques hommes dont les désirs seraient immédiatement rassasiés et qui se livreraient à une orgie sans égale. Dès lors il ne suffirait plus des 30,000 gladiateurs qui périrent, sous le règne d'Auguste, dans les jeux de l'amphithéâtre, mais il faudrait, pour repaître la volupté de quelques monstres, des égorgements dont nos mitrailleuses et nos chassepots seraient les instruments terribles. Des nations entières tomberaient sous le fer du bourreau, et des machines habilement calculées tortureraient sans cesse de nouvelles victimes qui mêleraient leurs soupirs aux cris de joie des spectateurs.

Voilà le spectacle qu'offrirait aujourd'hui la terre si le Christ n'avait pas vaincu le paganisme et n'avait point abrité les peuples à l'ombre libératrice de sa croix victorieuse.

Et depuis qu'il a reconstitué l'humanité sur le plan nouveau de la régénération qu'il avait apportée au monde, depuis qu'il a formé ces nationalités chrétiennes où il a fait régner sur les ruines colossales du monstre romain l'autorité, la liberté et la charité, portant les peuples nouveaux à des hauteurs morales inconnues aux nations païennes, voilà qu'il s'est élevé une puissance qui s'est posée devant lui en rivale, s'efforçant par l'astuce et au besoin par la violence d'arracher de ses mains son sceptre de roi et de rédempteur, et criant à la foule de venir puiser en son sein les vrais principes d'ordre, de fécondité et de vie, parce qu'il n'y a qu'elle qui puisse les donner aux peuples pour leur bonheur.

Hé quoi! voilà des siècles que Jésus-Christ combat pour l'humanité, voilà des siècles qu'il a renversé l'oppresseur de ses frères et qu'il est devenu leur voie, leur vérité et leur vie, les dirigeant, les éclairant, les vivifiant par l'Eglise, et leur assurant par l'observation de ses lois la paix et la félicité; et lorsqu'un homme se lèvera, et qu'après lui viendront des générations impies et abusées pour crier : Rome c'est Babylone, le Pape c'est l'Antechrist, Jésus-Christ à son tour ne se lèverait pas au jour de sa colère pour broyer ses ennemis, pour anéantir les destructeurs de son œuvre, et il se contenterait de pleurer comme Rachel ses enfants mis à mort, sans demander enfin compte à Caïn du sang de ses frères!

Depuis que Luther a levé l'étendard de la révolte, il a dit comme un autre Lucifer : *Non serviam!* « Je ne servirai pas. » A quelles extrémités la révolution n'a-t-elle pas conduit la société chrétienne! Il n'est nulle contrée au monde qui ne soit aujourd'hui infectée de son venin, et, par une route bordée de fleurs, elle nous mène aux abîmes où avaient sombré les nations païennes. Commes elles, nous sommes dominés par l'orgueil, la plaie d'argent et le sensualisme, qui se dissimulent dans notre civilisation sous un vernis de christianisme. Nos égarements sociaux marchent de pair avec notre décadence morale; le scepticisme politique et l'athéisme législatif ont tout envahi, et, sous le rapport de la doctrine, nous sommes tombés, loin de la lumière du Christ, dans la négation philosophique et dans la négation scientifique.

Satan, qui avait perdu son empire, porte de nouveau la couronne, et ses filets sont tendus avec une telle habileté et un tel succès dans le monde, qu'il se croit à la veille d'un complet triomphe.

Sous ses efforts constants, l'incrédulité, l'indifférentisme et l'immoralité ont pénétré les masses corrompues par un débordement inouï de doctrines licencieuses et infernales, s'insinuant avec une raffinerie inconnue aux nations antiques. La sainteté du mariage est même bannie parmi nous, et la dépopulation de la France atteste que le crime a empoisonné les sources de la vie. Le monde est enlacé dans les vastes réseaux de l'Internationale et de la franc-maçonnerie; et si jadis on grava sur la colonne arrachée par le christianisme aux Césars persécuteurs cette épigraphe célèbre : : « Le Christ a vaincu, il règne et il gouverne ! » les philosophes impies, les clubs révolutionnaires et la foule qui marche aveuglément à la remorque de ses chefs de file pour exécuter les massacres ou l'incendie décrétés dans les hautes loges, peuvent bien opposer à ce cri de victoire l'épouvantable apostrophe de Proudhon au rival de Jésus-Christ :

« Viens, Satan, viens, le calomnié des prêtres et des rois, que je t'embrasse, que je te serre sur ma poitrine. Il y a longtemps que je te connais, et tu me connais aussi. Tes œuvres, ô béni de mon cœur, ne sont pas toujours belles ni bonnes ; mais elles seules donnent un sens à l'univers et l'empêchent d'être absurde. Que serait sans toi la justice? un instinct ; la raison? une routine ; l'homme? une bête. Toi seul animes et fécondes le travail ; tu ennoblis la richesse, tu sers d'excuse à l'autorité, tu mets le sceau à la vertu. Espère encore, proscrit ; je n'ai à ton service qu'une plume, mais elle vaut des millions de bulletins (1). »

Pour parvenir à ce règne de Satan, il faut renverser le Pape ; et dans une brochure intitulée *la Présidence* et publiée en 1848, Proudhon résume ainsi, en se les appropriant, les conclusions d'un livre écrit il y a plusieurs siècles et ayant pour titre : *De Auferibilitate Papæ :*

« Si l'autorité du Pape était ébranlée, l'Eglise de Rome perdrait immédiatement sa primauté entre les Eglises. Alors le catholicisme ne serait plus qu'un assemblage d'Eglises indépendantes, égales en autorité et en juridiction. Aucune de ces Eglises ne pouvant être jugée par les autres, la foi perdrait son caractère d'universalité et deviendrait chose individuelle et locale.

« Conséquemment la foi chrétienne serait livrée au changement, à l'instabilité, aux innovations, et tendrait à une véritable dissolution. Le lien ecclésiastique venant à se rompre et les esprits n'ayant plus de guide, le dogme chrétien, parcourant toutes les chaînes de l'hérésie, aboutirait par une insensible dégradation au déisme.

(1) Cité par Véran, *la Question du dix-neuvième siècle*, p. 388.

« Or le déisme conduit fatalement au panthéisme, celui-ci à l'athéisme. L'athéisme se résout dans le pyrrhonisme, et finalement le pyrrhonisme dans le nihilisme, dans la négation de Dieu, de l'homme, de l'univers. »

Cette voix sinistre dans sa froide et profonde logique trouve des échos toujours de plus en plus multipliés, qui vont répétant sans cesse : « Rompons les liens légitimes de l'autorité, et rejetons loin de nous le joug du Christ!... » (Ps. II, 3.) Ceux des conservateurs qui trouvent les catholiques imprudents de protester de toute leur âme contre ces machinations infernales, qu'ils veuillent bien encore écouter cette page. C'est le *Siècle* qui jette hypocritement à son million de lecteurs cette épouvantable révélation :

« Comme dans un temps plus ou moins prochain « tous les trônes doivent tomber, il faut, *dans l'ordre « providentiel*, comme diraient nos adversaires, que « le point d'appui disparaisse d'abord. Voilà pour- « quoi la monarchie italienne ébranle et toutes les « monarchies de l'Europe laissent ébranler le Saint- « Siége auquel les trônes sont adossés. Les évêques « et les fidèles ont beau pétitionner, solliciter, soit « une guerre à l'Italie, soit une entente commune « entre les nations dites catholiques, ils crieront dans « le désert, parce qu'il faut que la loi et les prophé- « ties s'accomplissent. Le jour où Isaïe a prédit que « les fers de lances seraient transformés en socs de « charrues, il a prédit la fin des monarchies ; et com- « ment les monarchies finiraient-elles, si elles étaient « prudentes et prévoyantes, si par impossible elles se « liguaient pour maintenir le trône temporel de « Pierre? Il est donc indispensable que ce trône s'é-

« croule, pour que tous les trônes puissent s'écrouler « à leur tour, pour que le système des Etats-Unis « d'Europe, sous le drapeau de la république, puisse « succéder au vieux système monarchique, qui a fait « son temps (1). »

Il semble en lisant ces lignes, qui ne sont que le résumé trop fidèle de ce qui se passe en Europe, que le mal ait pris à tâche de forcer Jésus-Christ jusque dans ses derniers retranchements. Voyons quelle sera la réponse.

II

David, en décrivant d'avance les assauts de l'enfer et les triomphes de Jésus-Christ, parle ainsi dans le IIe psaume :

« Pourquoi les nations se sont-elles soulevées, et « pourquoi les peuples ont-ils formé de vains com- « plots ?

« Les rois de la terre se sont assemblés et se sont « coalisés contre le Seigneur et contre son Christ.

« Rompons, ont-ils dit, les liens de l'obéissance, « et rejetons leur joug loin de nous.

« Mais celui qui habite dans les cieux se rira de « leurs efforts, et le Seigneur insultera à leur impuis- « sance.

« Alors il leur parlera dans sa colère et les épouvan- « tera par les éclats de son courroux. »

C'est là une annonce générale de toutes les grandes victoires de Jésus-Christ et de son Eglise.

Mais il est un livre sublime qui contient un nombre

(1) Cité par la *Gazette du Midi*, numéro du 15 juillet 1871.

infini de mystères qui regardent les temps à venir (S. Jérôme, livre I contre Jovin.), un livre qui est une prophétie de ce qui doit arriver depuis le premier avénement de Jésus-Christ sur la terre jusqu'à son avénement au dernier jour (S. Augustin, *De Civitate Dei*, l. II, c. VIII), « où l'ordre des temps est montré au long » (Tertullien, *De Resurrect. carn.*, c. XV); il nous précisera d'une manière admirable et le genre de persécution que subit l'Eglise, et la malice des persécuteurs, et l'heure de leur défaite : c'est l'Apocalypse.

Il ne faut point craindre de pénétrer dans les mystérieuses profondeurs de cette prophétie dont saint Jean nous recommande la lecture. De grands saints et de grands génies nous ont déjà frayé la voie. Nous avons cité Holzhauser dans la prophétie d'Orval; il nous annonce, ainsi que sainte Hildegarde, que, dans le 6e âge de l'Eglise où nous sommes sur le point d'entrer, le vrai sens des Ecritures sera clairement connu.

Et déjà de nos jours plusieurs voiles ne sont-ils pas tombés? Et combien d'ouvrages lumineux, depuis près d'un siècle, qui ont distancé sur ces matières le génie de Bossuet!

Joseph de Maistre fait lui-même cette remarque quelque part, et constate avec d'autres que saint Jean avait vu nos révolutions. Nous marcherons donc sur un terrain connu en abordant cette étude, et nous prendrons pour guide un ouvrage remarquable publié à Lyon en 1817, ayant pour titre : *les Précurseurs de l'Antechrist.*

Mais tout d'abord il est une remarque essentielle à faire sur ce livre sublime des révélations de saint

Jean, c'est que tout marche par sept : les sept églises de l'Asie, les sept sceaux du livre mystérieux, les sept trompettes qui annoncent des calamités, les sept coupes de la colère divine.

Sous ces divers emblèmes sont dépeintes les principales situations de l'Eglise militante, à sept époques différentes, qui doivent se succéder jusqu'à la fin des siècles ; de sorte que toute la durée de l'Eglise, depuis son établissement sur la terre jusqu'à sa glorification dans le ciel, est divisée en sept âges plus ou moins longs, selon la nature et la multiplicité des événements qui sont prédits.

Comme il serait beaucoup trop long d'étudier tout ce qui est dit sur le 5e âge de l'Eglise, à la fin duquel nous nous trouvons, nous ne parlerons que du son de la 5e trompette et de l'effusion de la 5e coupe.

Chapitre VIII, v. 13. — « J'aperçus et j'entendis la « voix d'un aigle qui volait par le milieu du ciel, « criant avec une voix forte : Malheur, malheur, mal- « heur aux habitants de la terre, à cause du son des « trompettes dont les trois anges doivent sonner ! »

Ce verset est le prélude de la 5e trompette. Au commencement du son des trompettes, le prophète avait fait un prélude général pour l'ensemble des sept ; s'il en ajoute un petit pour la 5e, c'est non seulement pour aider le lecteur à suivre sa marche, mais pour nous annoncer que les calamités des derniers âges seront plus terribles que celles des siècles antérieurs.

Un ange, sous la forme d'un aigle, traverse les airs ; il fait retentir l'immensité de ces effrayantes paroles : Malheur, malheur, malheur aux habitants de la terre, à cause de la voix des trois anges qui doivent encore sonner de la trompette !

Il y aura donc encore trois époques épouvantables ou trois malheurs.

Le premier est annoncé par la 5e trompette : c'est celui qui concerne notre âge depuis Luther jusqu'au grand Monarque.

Le deuxième est prédit par la 6e trompette : c'est le règne de l'Antechrist (1).

Le troisième est annoncé par la 7e trompette : c'est le jugement universel.

L'ange prend soin d'annoncer ces trois malheurs d'une façon plus particulière et de les distinguer des autres, ce qui nous prouve qu'à dater de notre époque jusqu'à la fin du monde, malgré la grande victoire de l'Eglise au 6e âge, il n'y aura plus qu'une grande persécution, et c'est ce qui fut montré à la Sœur de la Nativité sous la figure de l'arbre de la révolution, qui sera seulement coupé ras de terre à l'époque de la restauration générale, mais dont on laissera les racines, qui doivent produire de nouveau, en leur temps, d'autres rejetons. Voilà pourquoi il est dit aux martyrs du 5e âge, à l'ouverture du 5e sceau :

(1) Holzhauser, comme nous l'avons vu au n° 127, place le 6e âge de l'Eglise entre le 5e et le 6e malheur, c'est-à-dire entre la 5e et la 6e trompette, restreignant cette époque à la période de bonheur. D'autres préfèrent étendre la durée du 6e âge jusqu'à la chute de l'Antechrist, embrassant les malheurs indiqués par le son de la 6e trompette, et faisant de la destruction du monde et de l'entrée de l'Eglise militante dans le ciel l'objet du 7e âge de l'Eglise. Ce sont là des divergences purement extérieures et qui n'altèrent en rien le fond de l'interprétation. Nous devons néanmoins avouer que la seconde manière de compter nous paraît être plus en harmonie avec l'ordre indiqué par les sept Eglises, les sept sceaux, les sept trompettes et les sept coupes.

Chapitre vi, v. 11. — « Attendez encore un peu « de temps, jusqu'à ce que le nombre de vos frères, « qui doivent comme vous cimenter de leur sang les « vérités de la foi, soit rempli. »

Remarquez ces paroles : *adhuc modicum tempus*, « encore un peu de temps. » Il n'y aura donc pas un bien long intervalle entre la 5e et la 6e trompette, ce qui est conforme aux prophéties que nous avons précédemment étudiées, et qui annoncent l'arrivée de l'Antechrist pour un temps *relativement* peu éloigné après le règne du grand Monarque.

On pourrait aussi se demander pourquoi l'ange qui vole au milieu du ciel en criant : Malheur ! malheur ! malheur ! a la forme d'un aigle. C'est sans doute pour annoncer que l'aigle romaine, le signe antique de Satan, reparaîtra dans ces derniers âges, et que les nations chrétiennes ayant abandonné la liberté de l'Evangile, seront données de nouveau en pâture au despotisme tyrannique et vorace des dictatures et des empires.

Chapitre ix, v. 1. — « Le 5e ange sonna de la « trompette, et je vis qu'une étoile tomba du ciel sur « la terre, et la clef de l'abîme lui fut donnée. »

Sous l'emblème de cette étoile tombée du ciel tous les interprètes ont reconnu le trop fameux Martin Luther.

Qu'il suffise de faire remarquer combien les paroles du texte sont bien appropriées à cet hérésiarque.

Etant prêtre et religieux, il était appelé à répandre la lumière dans l'Eglise, semblable à l'étoile qui guide les navigateurs. Avant sa chute, il avait, comme tout prêtre catholique approuvé, le pouvoir d'ou vrir le ciel; mais, depuis son apostasie, la clef de l'abîme lui fut donnée, et il n'eut plus que le pouvoir d'ouvrir l'enfer.

V. 2. — « Elle ouvrit le puits de l'abîme, et il sortit « du puits de l'abîme une fumée semblable à une « grande fournaise, et le soleil et l'air furent obs- « curcis de la fumée du puits. »

Luther ouvrit le puits de l'abîme infernal, et i en sortit un esprit de nouveauté, d'erreur, de vertige, de séduction; une vapeur brûlante qui obscurcit le soleil de la vérité, les lumières de la foi, et ternit la pureté de la morale.

V. 3. — « Et il sortit de la fumée du puits des sau- « terelles, et il leur fut donné une puissance sembla- « ble à celle des scorpions de la terre. »

A peine Luther eut arboré l'étendard de la révolte contre l'autorité de l'Eglise, que des sectes hérétiques innombrables, semblables à des nuées de sauterelles, se répandirent sur la terre et se multiplièrent à l'infini. Un seul coup d'œil sur l'histoire suffit pour en convaincre l'esprit le plus incrédule. Or le venin des fausses doctrines prêchées par cette multitude de sectaires produisit sur les cœurs et les esprits le même effet que le venin des scorpions produit sur les corps. Le venin des scorpions est, dans les pays chauds, extrêmement actif, et cause une mort prompte et inévitable.

« Les hérétiques sont comparés aux sauterelles, dit saint Jérôme (in cap. 13 Osée), parce que ces insectes sont très-nuisibles aux hommes; ils occasionnent la famine, dévorent les moissons, et dépouillent même les arbres et les vignes. »

C'est ainsi que les sectaires ont ravagé l'héritage de l'Eglise.

V. 4. — « Et il leur fut ordonné de ne point nuire à « l'herbe de la terre, ni à tout ce qui était vert, ni « aux arbres, si ce n'est aux hommes qui n'ont pas « le signe de Dieu sur le front. »

Le sens de ce passage saute aux yeux. Les sauterelles ne pouvaient nuire qu'aux plantes qui renfermaient déjà un germe de corruption. L'esprit d'erreur et de révolte n'eut aucune prise sur les arbres ni sur l'herbe verte, c'est-à-dire sur les pasteurs et les fidèles animés des vrais sentiments que la religion inspire.

Ceux-là seulement furent entraînés qui n'avaient pas la marque de Dieu sur leur front, en qui le flambeau de la foi, de l'espérance et de la charité était presque éteint, et qui avaient déjà au fond du cœur un intérêt secret à trahir la vérité. Outre la liberté des passions, ce qu'il y avait encore de plus attrayant dans la nouvelle doctrine, c'est que chacun pouvait sans façon se bâtir une religion à sa mode.

V. 5. — « Et on leur donna le pouvoir, non de les « tuer, mais de les tourmenter pendant cinq mois; « et le tourment qu'elles causent est semblable au « tourment que cause le scorpion quand il pique « l'homme. »

Qu'on lise l'histoire des diverses sectes luthériennes et calvinistes, et l'on frémira à la vue des maux affreux qu'elles firent endurer aux catholiques dans toutes les contrées où elles portèrent leurs ravages, tourments semblables à la douleur que cause à l'homme la piqûre du scorpion. Les calvinistes seuls détruisirent jusqu'à vingt mille églises; et qu'on se rappelle les guerres affreuses et les lois atroces contre les catholiques, que l'esprit de secte engendra dans tous les Etats où pénétra la Réforme.

Mais ce fut en vain : les princes protestants, malgré tous les efforts imaginables pour exterminer dans leurs provinces la religion romaine, ne purent que diminuer le nombre des catholiques sans parvenir jamais à les anéantir, selon leurs perfides projets.

Saint Jean nous dit que les sauterelles ou les sectaires ont reçu la puissance de tourmenter les hommes durant cinq mois. D'après le style des Ecritures, les jours sont souvent pris pour des années, et dans chaque mois il faut toujours compter un nombre égal de trente jours. Cinq mois égalent donc cent cinquante ans. Il ne reste plus qu'à voir, l'histoire en main, si ce calcul est conforme à la vérité.

C'est vers 1516 environ que Luther commença à arborer l'étendard de la révolte, et cent cinquante ans plus tard, c'est-à-dire en 1666, époque assignée pour la durée des ravages de l'hérésie et qui correspond à la 23e année du règne de Louis XIV, on trouve en effet que les catholiques et les hérétiques étaient rentrés dans leurs limites respectives.

Alors les sectaires n'avaient plus la puissance de tourmenter les hommes par des révoltes, des séditions ou des guerres civiles ; ils étaient contenus de gré ou de force, et la preuve sensible, c'est que peu après fut révoqué l'édit de Nantes pour la tolérance de leur culte.

V. 6. — « En ce temps-là, les hommes chercheront la mort, et ils ne la trouveront pas, et ils souhaiteront de mourir, et la mort fuira loin d'eux. »

Par ces paroles sont décrites non seulement les angoisses résultant de l'imminence des malheurs causés par les guerres de religion et la persécution des hérétiques, mais la douleur morale d'une multitude d'hommes séduits et entraînés qui, après avoir abjuré la foi de leurs pères, sentirent leur conscience bourrelée de remords, et ne purent parvenir à étouffer ce déchirement intérieur, plus terrible mille fois que la mort.

V. 7. — « Et ces espèces de sauterelles ressemblaient « à des chevaux préparés au combat, et sur leurs « têtes il y avait des couronnes qui paraissaient d'or, « et leurs visages ressemblaient à des visages « d'hommes. »

Ce n'est pas sans raison que ces sauterelles ressemblaient à des chevaux préparés au combat, car l'hérésie enfanta une foule de guerres, et la révolution, sa fille, a toujours elle-même conservé un caractère belliqueux.

Par ces couronnes qui paraissaient d'or, mais n'étaient que du clinquant, sont désignés l'orgueil et la folle présomption des réformateurs. Ces couronnes peuvent aussi signifier les têtes couronnées qui embrassèrent ou protégèrent la Réforme.

Ces visages qui ressemblaient à des visages d'hommes représentent les masques dont se couvraient les sectaires pour dissimuler leur perfidie.

V. 8. — « Et elles avaient des cheveux comme des « cheveux de femmes, et leurs dents étaient comme « des dents de lion. »

Les cheveux de femme indiquent assez les vices auxquels s'adonnaient les prétendus réformateurs. Tous, depuis Martin Luther, prêtre et religieux, jusqu'à Cranmer, archevêque de Cantorbéry, et Ochin, général des Capucins, franchirent les barrières sacrées du sacerdoce et des vœux solennels pour contracter des alliances illicites.

Quant à la deuxième allusion du texte, savoir : que les sauterelles avaient des dents de lion, qui ne reconnaîtrait à ce signe la voracité, la cupidité, les ruines, la dévastation et le pillage exercés par les hérétiques, qui dépouillèrent de fond en comble les biens des monastères et des églises ?

V. 9. — « Et elles avaient des cuirasses comme des « cuirasses de fer, et le bruit de leurs ailes ressem« blait au bruit d'une multitude de chariots à plu« sieurs chevaux qui courent au combat. »

Nouveaux traits qui achèvent le portrait des sectateurs de Luther. Les cuirasses de fer sont l'image de leur conscience plastronnée, de leur opiniâtreté et de leur endurcissement.

Pour comprendre la seconde partie du verset, il faut se rappeler que l'effet des anciens chariots de guerre était de mettre le désordre et la confusion non seulement dans l'armée des ennemis, mais très-souvent dans l'armée à laquelle ils appartenaient. N'est-ce pas la peinture naturelle de l'esprit de turbulence, de trouble, de révolte, de sédition, de confusion, qu'ont toujours manifesté les disciples de Luther ? Leur histoire peut seule en donner une idée.

V. 10. — « Elles avaient des queues semblables à « celles des scorpions et des aiguillons dans leurs « queues, et elles avaient la puissance de nuire aux « hommes durant cinq mois. »

Nous abordons maintenant l'histoire des queues des sauterelles, c'est-à-dire du philosophisme et de la révolution.

Les défenseurs de la vérité, notamment Bossuet, avaient prédit aux hérétiques que leur coupable révolte contre l'autorité de l'Eglise se terminerait par une incrédulité totale. L'accomplissement de cette prédiction est trop visible pour n'être point saisie par tout le monde.

A peine les erreurs de Luther, de Calvin et de leurs nombreux imitateurs furent-elles frappées d'anathème dans le concile de Trente, que l'esprit d'impiété changea ses batteries. Disputer sur des dogmes lorsque nulle autorité ne pouvait diriger la croyance était une absurdité. Tout d'ailleurs avait été sapé dans les fondements de la religion; mais l'Eglise avait résisté à la tempête. L'enfer inventa alors le philosophisme, qui est la négation radicale de toute vérité révélée, et qui rit d'un rire sardonique au lieu de disputer; c'était là une arme nouvelle, mais qui dérivait directement de l'hérésie de Luther : c'est *la queue des sauterelles.*

Désormais il ne s'agira plus de réformer l'Eglise; c'est l'humanité entière que l'on entreprendra de régénérer en lui montrant la véritable lumière, tandis que l'Eglise, avec ses vieux dogmes, sa hiérarchie, son autorité, n'est plus qu'un médecin empirique qui s'oppose par routine et ignorance autant que par mauvaise foi et incapacité au véritable progrès du monde.

Cependant la philosophie n'ose pas encore lever le masque : se trouvant en contradiction avec l'antique croyance de tous les peuples, elle ne se découvre qu'avec précaution; elle juge qu'il est prudent de donner ses leçons dans l'ombre de la nuit, dans le secret des loges de la franc-maçonnerie, au moyen de laquelle elle dirigera et pervertira les hommes avec une habileté vraiment infernale, jusqu'à ce que, la trame de ses complots étant suffisamment ourdie, elle jette périodiquement la perturbation et l'effroi dans l'univers par des révolutions sanglantes.

Ces aiguillons qui se trouvent *dans la queue*, la révolution ne les a-t-elle pas enfoncés avec une cruauté inouïe aux fatales époques de 93, de 1830, de 1848? et, de nos jours encore, les martyrs de la révolution italienne et les augustes victimes qui sont tombées à Paris sous le fer d'ignobles assassins, ne sont-ils pas des témoignages trop sanglants de la férocité du monstre? Et que dirions-nous s'il fallait énumérer toutes ces guerres monstrueuses dont elle a allumé l'incendie en Europe, guerres générales, guerres intestines, toujours des aiguillons et la mort?

Les sauterelles ont reçu deux fois la puissance de nuire aux hommes durant cinq mois ou cent cinquante ans.

Nous avons vu au ℣. 5 que la première fois cette puissance fut directement exercée par le protestantisme lui-même ou par les sauterelles; mais ensuite ce sont les queues de ces sauterelles qui ont le pouvoir de tourmenter l'humanité. Les cent cinquante ans de durée assignés à cette époque regardent donc le philosophisme, qui est le produit de l'hérésie. Il ne s'agit plus en conséquence que de déterminer le temps de son apparition dans le monde pour compter les jours de son règne.

Nous avons constaté au ℣. 5 que, vers le temps de la révocation de l'édit de Nantes, l'Eglise était en paix; mais cette tranquillité ne dura pas longtemps, l'incendie ne devait pas tarder à se rallumer, et un homme trop célèbre se chargea de cette besogne infernale. Cet homme, ce fut Voltaire, le père du scepticisme impur qui reçut de lui le nom de voltairianisme.

L'auteur du philosophisme une foi connu, il ne s'agit plus, pour établir un calcul, que de savoir à quelle époque il commença à devenir chef d'école, et ce fut de 1718 à 1725. Voltaire avait alors 24 à 31 ans. Or, si l'on ajoute cent cinquante ans à 1718 et à 1725, on trouve que c'est entre 1868 et 1875 que doit être abattu le philosophisme. Pourtant, si nous le voyons à l'heure actuelle plus triomphant que jamais, comme nous savons que Dieu ne peut faillir à ses promesses, il faut nous attendre à un éclat merveilleux dans le coup de foudre qui le renversera. Nous verrons plus tard qu'il n'est pas impossible de préciser le temps de ce grand triomphe de la vérité d'une manière plus particulière encore.

V. 11. — « Et elles avaient pour roi l'ange de l'a-« bîme, appelé en hébreu Abaddon, en grec Apol-« lyon, c'est-à-dire en latin l'Exterminateur. »

Il est remarquable qu'il ne soit parlé de ce roi qu'après la description du pouvoir de nuire que les sauterelles exerceront par leurs queues.

C'est parce que le philosophisme et la révolution n'auront à leur tête que vers la fin de leur règne cette dynastie des Napoléon que saint Jean appelle par leur nom, Apollyon ou Napoléon, comme Isaïe l'avait fait à l'égard de Cyrus. Nous sommes loin, du reste, d'être les premiers à faire remarquer les traits de similitude qui existent entre Apollyon et Napoléon.

Ces deux noms, en effet, sont analogues ; ils ont la même consonnance, l'Apocalypse ayant été écrite en grec, et signifient tous deux : Exterminateur. Napoléon Ier et Napoléon III ont tous les deux mérité ce titre, le premier en couvrant l'Europe d'hécatombes humaines, le second en travaillant à extirper la religion, et, après diverses guerres révolutionnaires et sanglantes, en entreprenant cette effroyable campagne contre les Prussiens qui a couvert la France de ruines et de débris !

Ce titre d'Exterminateur est encore merveilleusement appliqué par l'apôtre au règne des Napoléon, car ils ont été l'instrument des perfectionnements nouveaux dans l'art de tuer les hommes ; et, si Napoléon Ier doit prendre place à côté des Alexandre, des César et des Tamerlan, Napoléon III, avec ses canons rayés, ses chassepots et ses mitrailleuses, a opéré lui-même dans les armées une véritable révolution satanique, conduisant fatalement l'humanité aux égorgements en masse, tels qu'on les verra sous le règne de l'Antechrist.

Saint Jean parle au singulier et dit simplement : « le roi appelé Apollyon, qui est l'ange de l'abîme. » C'est que les Napoléon sont venus dans un même esprit, et qu'ils étaient un même instrument tiré de l'enfer et destiné à frapper les hommes.

Le premier a détruit définitivement l'ancien concert européen, tel que l'avait organisé la religion catholique, et qui avait les lois de l'Eglise pour fondements. C'est par lui que Jésus-Christ a régné pendant mille ans dans le monde à partir de Charlemagne, qui avait posé les bases de ce système nouveau où la religion et le Pape jouaient un rôle éminemment civilisateur, dont Voltaire lui-même a dû reconnaître les bienfaits, et même auquel il n'a pu refuser ses louanges. En abattant ces derniers remparts qui protégeaient la société contre la tyrannie des anciens principes du paganisme remis en honneur, Napoléon livrait désormais sans défense l'Europe entière à cet esprit dissolvant des révolutions qui est devenu la base des législations nouvelles. C'est ainsi qu'il a mérité le nom d'ange de l'abîme, c'est-à-dire d'envoyé de Satan. Et Napoléon III, persécuteur hypocrite et ennemi insidieux de l'Eglise, complice de tous les sectaires et démolisseur de la société dont il sapait les bases par la corruption, aurait-il, par hasard, moins de droits que son oncle à porter ce titre qui symbolise toutes les destructions ?

On peut se demander maintenant comment périront les révolutionnaires. Ecoutez saint Jean nous parlant de l'effusion de la cinquième coupe de la colère divine contre les ennemis de son Eglise.

Chapitre v, v. 10. — « Le cinquième ange répandit sa « coupe sur le trône de la bête, et son royaume devint « ténébreux, et les hommes se mordirent la langue « dans l'excès de la douleur. »

V. 11. — « Mais ils blasphémèrent le Dieu du ciel à « cause de leurs maux et de leurs plaies, et ils ne firent « point pénitence de leurs œuvres. »

Ces hommes qui ont rejeté Celui qui était la voie, la vérité et la vie, qui non seulement se sont élevés dans leur propre cœur contre la lumière qui éclaire tout homme venant en ce monde, mais qui ont employé toute leur énergie, toute leur astuce et tous les moyens que leur suggérait l'enfer pour détacher les âmes et les peuples de ce flambeau divin, ces hommes qui, dans leur superbe, ont eu l'audacieuse témérité de se poser en réformateurs du monde et d'usurper le rôle du Verbe lui-même, ils seront frappés d'aveuglement et plongés dans les contradictions et les ténèbres les plus épaisses; dans leur rage et dans leur désespoir, ils se mordront la langue qui a distillé le venin de l'erreur, et se voyant vaincus et terrassés par le bras du Tout-Puissant, ils blasphèmeront encore le Dieu vengeur de son Eglise et mourront dans l'impénitence finale.

Voltaire est mort dans ces transports de rage et de douleur qu'ont partagés avec lui les philosophes du dernier siècle et la plupart des hommes de 93. De nos jours, Jouffroy nous a laissé dans la peinture des tourments de son âme qui avait été chrétienne, mais à qui l'Université avait arraché la croyance de ses pères, le tableau le plus épouvantable d'un cœur qui se débat sous les étreintes glacées et mortelles de l'orgueilleuse incrédulité; et à côté de nous l'obscur trépas des solidaires qui blasphèment Dieu un pied dans la tombe n'est-il point une leçon terrible qui forme comme le commentaire vivant des paroles du prophète ? Mais l'aveuglement surtout a frappé les sommets. Les ossements blanchis qui sèment les steppes arides où coule la Bérésina, comme les champs de Waterloo, comme les plaines de Sedan, ont été témoins de grandes vengeances... Et combien de têtes encore, et combien de sceptres qui seront touchés de la foudre !

Telle a été depuis le commencement et telle sera encore la fin des révolutionnaires. Nous allons maintenant contempler la suite de ces événements dans le XIIe chapitre, si remarquable par son caractère et ses frappantes images. Il serait trop long d'en donner ici une interprétation détaillée, mais nous ne pouvons nous dispenser d'en recueillir les enseignements féconds et d'en esquisser les principales beautés.

Nous venons de voir comment la Réforme et le philosophisme se sont efforcés de ruiner le règne spirituel et temporel de Jésus-Christ, de manière à pervertir les âmes et à renverser de fond en comble les grands principes de la société chrétienne, par lesquels le Verbe gouvernait véritablement les royaumes, de même que par le Pape, son Vicaire, il gouverne les âmes.

Et voici qu'un grand prodige apparaît aux yeux de l'apôtre ravi de cette vision céleste. C'est une femme revêtue du soleil de justice et couronnée d'étoiles, foulant aux pieds avec le croissant l'instabilité des choses qui passent, parce que l'éternelle justice ne subit aucun changement. Cette femme va enfanter un fils auquel sera donnée une verge pour gouverner toutes les nations.

Et ensuite saint Jean est témoin d'un nouveau prodige. Il voit un dragon roux portant sept têtes et sept diadèmes, qui entraîne avec sa queue une partie des étoiles du ciel, qu'il fait tomber sur la terre. Et ce dragon s'arrêta devant la femme pour dévorer son fils aussitôt qu'elle l'aura mis au monde.

Cette femme, c'est la Vierge-Mère, qui enfanta Jésus-Christ, à qui est dévolu le sceptre des empires.

C'est aussi l'Eglise, qui enfante les grands princes qui doivent régner dans l'esprit de la royauté de Jésus-Christ, leur type souverain, et duquel ils tiennent le pouvoir de gouverner les peuples.

Cette femme, c'est encore la légitimité, puisque celle-ci est l'expression du droit, lequel découle du Verbe lui-même, source des lois qui régissent le monde.

La légitimité enfante ses grands hommes dans la douleur, car le règne de la vérité est toujours combattu ici-bas.

Le dragon roux est l'image de la puissance satanique. Il porte sept diadèmes sur ses sept têtes, à cause des sept empires idolâtriques, y compris celui de l'Antechrist, par lesquels il a régné et règnera sur la terre. Il est couronné, parce qu'il est le prince de ce monde. C'est l'usurpateur des droits du Christ, dont il voulut dévorer l'Eglise naissante en suscitant les persécutions sanglantes et les terribles hérésies des premiers siècles, qui entraînèrent un grand nombre de fidèles dans l'erreur.

Mais le dragon n'a point fini son œuvre de destruction ni sa guerre contre le fils de la femme ! Et n'a-t-on point vu de nos jours comment il s'est efforcé de dévorer l'enfant auguste que la légitimité venait de donner au monde ?

Qui y a-t-il donc d'étonnant qu'il se soit mis en embuscade pour dévorer celui qui doit un jour réduire en poudre sa puissance et faire triompher de nouveau le règne de Jésus-Christ?

Henri V Dieudonné est ce fils de la légitimité dont la naissance merveilleuse a été protégée contre les attaques de la révolution par l'archange qui préside aux destinées de la France.

Puisque ce prince personnifie la grande époque de justice souveraine qui va s'ouvrir dans le monde et qui sera une des phases les plus remarquables de l'histoire de l'Eglise, n'est-il pas naturel que le voyant de Pathmos ait décrit la naissance et l'histoire du fils de la femme avec des traits qui ne peuvent convenir qu'à lui ? Bossuet, du reste, bien loin de repousser la pluralité des interprétations, la pose au contraire en principe, et affirme que la fécondité des Ecritures ne saurait être épuisée par un seul sens.

Aussi voyons-nous avec admiration, en lisant ces

pages prophétiques, le grand combat livré par saint Michel aux puissances infernales. La révolution est vaincue par lui, et sa ruine est décrétée dans les conseils d'en haut ; mais on donne à Satan un certain laps de temps pour opérer sur la terre ses œuvres de ténèbres, et il régnera depuis la chute de Charles X jusqu'à l'époque du grand Monarque.

Le fils de la femme a été sauvé après sa naissance par Dieu, qui l'a tiré à l'écart en le prenant sous sa protection souveraine, et la légitimité s'est enfuie en exil, où elle doit demeurer mille deux cent soixante jours.

La révolution triomphante, à qui Dieu laissait le pouvoir sur la terre, poursuivit la femme dans l'exil même par les intrigues et les diffamations les plus outrageantes, et alors on lui donna les deux ailes de l'aigle d'Autriche pour voler jusqu'à Froshdorf. Déjouée dans ses projets, elle alla faire la guerre aux autres enfants de la légitimité, en Italie, où elle renversa tous les Bourbons ; mais sa rage expirera sur ce sol maritime de la péninsule, car elle s'est suicidée en dépouillant le Pape de sa couronne.

La légitimité doit, du reste, être nourrie dans la retraite de Froshdorf un temps, des temps et la moitié d'un temps hors de la présence du serpent.

Saint Jean nous a déjà avertis qu'elle doit demeurer en exil mille deux cent soixante jours, et ici on nous annonce qu'elle habitera sa retraite un temps, des temps et la moitié d'un temps. Ces deux nombres signifient la même chose, et nous approchons du terme final.

Pour trouver en effet leur véritable signification, sachant que les prophètes ont toujours des manières mystérieuses de compter et qu'ils emploient souvent des mois pour signifier des années, il n'y a qu'à rechercher combien il y a de mois de trente jours dans le nombre mille deux cent soixante jours. Or, il y en a quarante-deux.

Un temps, des temps et la moitié d'un temps expriment, d'après les commentateurs, une année, deux années et une demi-année. Dans une année il y a douze mois, dans deux vingt-quatre, et dans une demie six : total, quarante-deux mois.

Ces quarante-deux mois ou ces quarante-deux ans doivent être comptés à partir du 3 août 1830, date de l'expulsion de la légitimité. C'est un nombre rond qui signifie qu'après la quarante-unième année d'exil, la maison de France doit remonter sur le trône. Par suite, c'est au mois d'août de l'année courante que nous entrerons dans cette quarante-deuxième année, qui sera témoin de la défaite de la révolution et de l'établissement du règne de celui qui a reçu dès sa naissance, avec l'investiture souveraine, la mission de gouverner les peuples au nom de l'autorité de Jésus-Christ. •

Alors s'ouvrira cette grande époque où le Verbe incarné montrera aux hommes tout ce que les trésors de sa bonté leur avaient préparé depuis longtemps de biens de toutes sortes, pour qu'ils puissent goûter, après les rigueurs du joug de Satan, combien son joug est suave et son fardeau léger.

Ecoutons sainte Hildegarde, que nous avons déjà eu occasion de citer au nº 135, et n'oublions pas que ces lignes, tracées depuis sept cents ans, ont été lues dans un concile.

« Avant d'arriver à ce temps, dit elle, l'Eglise sera dépouillée de tous ses biens temporels, et la crainte de Dieu étant bannie de dessus la terre, il s'élèvera souvent des guerres terribles et cruelles que nous avons désignées par le signe du lion au livre intitulé : *Scivias*. Un grand nombre d'hommes périront alors et plusieurs villes seront détruites, Dieu permettant que la cruauté de quelques méchants dévore le repos de l'humanité, afin d'exercer par ces maux la rigueur de ses châtiments contre l'iniquité.

« Et lorsque les hommes auront été purifiés par toutes ces afflictions, ils commenceront à se dégoûter de la guerre ; ils feront refleurir la justice dans toutes les constitutions ecclésiastiques, et s'empresseront de se soumettre, en vue de la crainte de Dieu, aux préceptes de la loi. La justice alors sera véritablement appelée l'épouse et introduite dans la couche du roi véritable. Celui-ci rejettera la femme illégitime qui s'appliquait, aux jours où elle était en honneur, à faire observer de temps en temps, par dissimulation, quelques préceptes de haute morale, pour s'adonner librement ensuite aux coutumes perverses. C'est ainsi que la funeste époque qui précédera le grand règne peut être considérée comme un temps de libertinage, les hommes alliant tout à la fois l'obéissance à certaines lois de l'Eglise avec le mépris de plusieurs autres. Alors le Dieu tout puissant, qui est le véritable Salomon, couvrira la Justice, son épouse, de toutes sortes d'ornements, en faisant fleurir les divers degrés de la hiérarchie ecclésiastique, et elle apparaîtra lumineuse aux yeux des hommes qui l'avaient méconnue dans l'obscurcissement où l'avaient plongée ses malheurs. La désolation fera place à la consolation, et si les maux dont nous venons de parler eussent continué à faire régner la légèreté des mœurs et à ériger le scandale en habitude, la vérité en aurait été tellement voilée qu'on aurait vu les tours de la céleste Jérusalem ébranlées sur leurs assises, et la corruption pénétrer si avant dans l'Eglise qu'on eût pu considérer les hommes comme ayant banni le Dieu véritable.

« Les ouvriers de l'impiété tomberont totalement dans l'opprobre. Des règlements nouveaux, inconnus jusqu'alors, établiront sur de telles bases la justice et la paix, qu'on en sera dans l'admiration, et qu'on avouera n'avoir jamais rien entendu dire ni appris de pareil dans l'histoire.

« Mais parce que cette paix sera donnée avant le jour du jugement, de même qu'une paix semblable avait été le précurseur du premier avénement du Fils de Dieu, les hommes ne se laisseront point aller à une joie complète, par crainte du jugement futur ; mais ils chercheront la justice dans la foi catholique, et un grand nombre de juifs confesseront Jésus-Christ.

« La paix qui précéda l'incarnation du Fils de Dieu recevra alors sa plénitude et sa perfection. Il s'élèvera des hommes puissants dans l'esprit prophétique, et le germe de toute justice fleurira dans les fils et les filles des hommes.

« En ces jours, de douces rosées et un air suave inonderont la terre et lui feront produire avec abondance toutes sortes de fruits, parce que l'humanité aura été régénérée ; et si l'abondance de la terre avait précédemment tari, c'est parce que les éléments, viciés par les crimes des hommes, avaient été troublés dans leurs fonctions naturelles. Les princes et les peuples marcheront avec ardeur dans la justice, et la paix fera prohiber les armes propres à répandre le sang humain.

« Cette époque sera, par la puissance de Dieu, comme un été véritable qui produit les fleurs et les fruits en abondance, parce que les prêtres et les religieux, les vierges et les veuves, et tous les autres membres de l'Eglise seront pleins de ferveur et banniront le faste et la superfluité des richesses.

« Alors les prophéties seront claires et leur vrai sens connu, les sciences seront agréables et fortes, et les fidèles s'y considéreront comme dans un miroir. Autant les saints anges s'éloignaient des hommes à cause de leurs crimes, autant ils se rendront familiers avec eux en voyant leur nouvelle et sainte vie ; et il y aura aussi de nombreuses conversions de païens, qui se joindront aux chrétiens pour prêcher Jésus-Christ. On peut comparer ces jours de force et de paix profonde à des soldats armés qui, du fond de de leur retraite, tendent des embûches à leurs ennemis pour les poursuivre ensuite jusqu'à la mort ; ils seront l'annonce des derniers jours, parce que tout ce que les prophètes avaient annoncé de biens et de grâces pour l'Eglise recevra alors son accomplissement (1). »

III

Nous avons salué d'avance ce grand règne, qui nous est apparu dans les prophéties modernes comme le but vers lequel s'avance l'humanité, et saint Jean nous promet aussi cette grande restauration de toutes les légitimités.

Elle s'accomplira avec une unité politique et reli-

(1) *Liber divinorum operum simplicis hominis*, XVI, XVII, XX, passim, édition de Migne.

gieuse qui réunira dans son sein, par un merveilleux prodige, toutes les grandes gloires qui se sont produites isolément depuis l'établissement de l'Eglise. L'unité du monde sous le règne d'Auguste, la restauration religieuse s'asseyant avec Constantin sur la pourpre du trône, l'organisation de la société chrétienne succédant avec Charlemagne à la confusion de la barbarie, la sainteté des thébaïdes et des cloîtres, l'épanouissement de la science des docteurs, le zèle des missionnaires et les bienfaits de la législation chrétienne donnant une juste part à la liberté des peuples, toutes ces choses se retrouveront à cette époque dans un degré éminent de grandeur et de perfection.

Le monde marche vers cette unité ; les matériaux qui doivent construire l'édifice sont préparés depuis longtemps et reçoivent chaque jour un accroissement nouveau : que le souffle vivifiant de l'Esprit divin vienne à les pénétrer, et ces ossements s'organiseront, une chair animée les recouvrira, et il se formera une grande armée qui marchera de concert dans les voies de la justice, sous l'impulsion créatrice qui lui ordonnera de se lever.

Tout, dans l'ordre matériel comme dans l'ordre social et religieux, est plein de signes avant-coureurs de cette unité, que nous pressentons avec quelque chose de cette joie indicible qui fit bondir le cœur anxieux des compagnons de Christophe Colomb lorsque, perdus dans les confins de l'Atlantique, ils entrevirent la terre, objet de tant de désirs.

« Tout annonce, disait il y a cinquante ans Joseph de Maistre, une grande unité que nous devons saluer de loin, pour me servir d'une tournure religieuse.

Nous sommes douloureusement et bien justement broyés ; mais si de misérables yeux tels que les miens sont dignes d'entrevoir les secrets divins, nous ne sommes *broyés que pour être mêlés* (1). »

N'est-il point admirable que, dans l'ordre matériel qui était resté pour nous un livre fermé durant tant de siècles, l'homme ait enfin pénétré si avant dans le mystère des forces de la nature ; qu'il ait découvert les lois qui gouvernent la matière et qu'il les ait assujetties à l'accomplissement de ses volontés, jusqu'à faire de la foudre l'instrument docile qui transporte sa pensée jusqu'aux extrémités du monde ?

Si par l'électricité il a détruit la distance qui séparait les esprits, par la vapeur il a aussi vaincu la distance au profit du déplacement des corps, et maintenant toutes les nations du globe se visitent et se saluent comme des sœurs qu'une longue absence aurait séparées.

Dès lors tout ce qui se fait d'intéressant d'un pôle à l'autre est aussitôt connu et divulgué sur tous les points de la terre avec plus de promptitude encore que n'en mettaient jadis les nouvelles d'une ville à se répandre d'un faubourg à l'autre. Aussi la presse, en livrant chaque jour en pâture à des millions de lecteurs des récits venus de tous les climats, fait de la société humaine comme une immense famille qui reçoit chaque jour les nouvelles de ses membres éloignés.

Par suite de ces changements opérés dans la situation du monde, qui ne voit que désormais, avec les

(1) J. de Maistre, *Soirées de Saint-Pétersbourg*, second entretien.

chemins de fer et les navires à vapeur, il n'est aucune contrée, si reculée qu'elle soit, où ne puisse pénétrer le pied du missionnaire?

Dans les immenses déserts de l'Amérique retentit actuellement le sifflement aigu de la locomotive: c'est la civilisation qui passe, mais c'est aussi l'Evangile, et bientôt il n'y aura plus aucun peuple de l'univers qui n'ait eu son apôtre, et ne se soit incliné pour recevoir l'eau rédemptrice du baptême.

La société civile marche aussi vers l'unité; les peuples, brisés et meurtris par la révolution, séparés et isolés par la politique de non intervention, vont sentir de plus en plus le besoin de se grouper pour lutter ensemble contre ces formidables invasions et ces guerres sanglantes, sans pareilles dans l'histoire, qui semblent dans leur fureur secouer les fondements de la terre. Le système d'isolement est aujourd'hui devenu impossible, et il le sera bien moins encore dans quelques années, car il va falloir choisir entre la révolution et l'ordre, et par suite s'abriter sous l'étendard protecteur de l'Église, ou se condamner à périr dans les abîmes du despotisme ou de l'anarchie. D'autre part, l'industrie qui de nos jours a acquis des développements immenses, la spéculation et l'agiotage même concourent à cette unité, en rapprochant toutes les nations dans une communauté d'intérêts et de désirs.

« Dieu, dit Bossuet, qui avait résolu de rassembler dans le même temps le peuple nouveau de toutes les nations, a premièrement réuni les terres et les mers sous le même empire. Le commerce de tant de peuples divers autrefois étrangers les uns aux autres, et depuis réunis sous la domination romaine, a été un des plus puissants moyens dont la Providence se soit servie pour donner cours à l'Evangile (1). »

Malgré l'œuvre ténébreuse de la révolution qui travaille à la ruine générale et à la perversion des masses, un mouvement admirable de réorganisation s'opère; les âmes se retrempent sous les coups du malheur, et cette France, à la corruption de laquelle on s'acharne depuis longtemps avec une rage inouïe, comment aurait-elle pu résister à ces complots de l'enfer sans un secours admirable du Dieu qui veille sur ses destinées?

Elle est restée chrétienne dans les profondeurs de ses entrailles, et ne vient-elle point encore de donner des preuves incontestables de vitalité intime et d'amour pour l'Eglise? Aussi deviendra-t-elle bientôt entre les mains de Dieu l'instrument de cette grande unité qui se prépare et qui s'accomplira pour la glorification temporelle de l'éternelle royauté du Verbe. L'homme croit agir pour lui-même et disposer de l'avenir selon les intérêts étroits et passagers de la vie présente; mais dans son gouvernement divin qui dispose toute chose avec force et suavité, Jésus-Christ ne pouvait pas moins faire que de se réserver à lui-même et à son Eglise les prémisses de l'apogée de la civilisation matérielle.

C'est dans son Eglise qui n'est point restée stationnaire au milieu de ce mouvement universel, mais qui a grandi elle-même parce qu'elle possède les sources intarissables de la fécondité et de la vie, que toutes les nations doivent venir puiser les principes de leur grandeur et de leur unité véritables; car sans elle,

(1) *Discours sur l'histoire universelle*, 3e partie, chap. I.

selon la parole d'un écrivain, il peut y avoir des hommes unis, mais l'humanité ne deviendra jamais une.

Cette Eglise, on a voulu la décimer et la détruire, on a volé ses biens, démoli ses couvents, profané ses autels, dispersé ou massacré ses prêtres et ses religieux ; on s'est ensuite efforcé de l'asservir, et il y a quatre-vingts ans qu'on la croyait, en France, anéantie pour toujours ; mais elle s'est relevée de tant de ruines, et le même spectacle qu'elle a donné alors au monde, elle le donnera bientôt en Italie avec bien plus d'éclat encore. « Vous avez vu une forêt abandonnée à la cognée du bûcheron : tout paraît mort, dévasté, stérile ; les vieux chênes sont tombés, et leur feuillage desséché jonche le sol d'alentour, leurs grands bras dépouillés et dépecés, leurs troncs mutilés gisent par terre ; rien n'est épargné, et jusqu'aux jeunes rejetons, qui croissaient à l'ombre de leurs ancêtres, semblent entraînés dans la ruine commune.

« Et cependant rien n'a péri. Dans ces cépées que la hache a découronnées, la sève et la vie vont jaillir de nouveau. Au bout de quelques années, vous repassez, vous retrouvez d'épais ombrages, une végétation féconde, partout la fraîcheur, la jeunesse, la beauté et l'impérissable témoignage de la vitalité dont Dieu a doté la nature.

« Ainsi et plus vivace encore renaît du sein déchiré mais inépuisable de l'Eglise la race invincible des serviteurs et des servantes de Dieu (1). »

Non seulement, malgré ses ruines, l'Eglise se relève toujours, mais encore elle marche en avant sans s'arrêter jamais. Sans doute ses dogmes, sa morale et ses

(1) Guizot, *Discours à l'Oratoire.*

sacrements sont parfaits et n'ont besoin d'aucune amélioration; mais si d'un côté l'Eglise est immuable et divine, elle est aussi composée d'éléments humains qui peuvent toujours acquérir une perfection nouvelle. Il y a plus encore : c'est que, quoiqu'elle possède dans ses trésors l'intégralité des révélations divines, elle attend que le moment soit venu pour en tirer des lumières nouvelles plus en harmonie avec les nécessités des temps, et c'est ordinairement après de grandes tempêtes qu'elle prodigue au monde des torrents de splendeur, semblable à ces feux que les vents attisent, et dont la flamme grandit en proportion de la violence avec laquelle ils soufflent.

Aussi l'unité s'est faite dans son sein au sujet de l'interprétation à donner dans les questions douteuses sur la morale, et qui soulevèrent dans les derniers siècles de si grandes controverses. Les jugements se grouperont désormais autour de saint Liguori que l'Eglise vient de proclamer docteur, pour l'élever comme un phare lumineux au dessus des écueils où vient se briser le navire. L'unité s'est faite pour le dogme sur les matières discutées dans les écoles et pour lesquelles l'autorité suprême n'avait rien prononcé, et maintenant l'humble néophyte qui, dans sa foi naïve, répète du fond de quelque île éloignée de l'Océanie la prière que lui apprit la *robe noire*, salue sa Mère du titre d'Immaculée, comme le prince de l'Eglise qui s'agenouille sur les parvis du sanctuaire; elle s'est faite encore par la fin des longs débats et des disputes du gallicanisme contre l'ultramontanisme, et en face des légions de sectaires qui resserrent leurs rangs pour mieux fondre sur l'Eglise, en face de l'unité à laquelle se préparent le monde matériel et le monde politique, qui peut dire encore que la sentence portée par le Concile œcuménique n'était pas opportune ? Nous parlons de signes ; elle est un signe elle-même, cette définition, et un signe non moins grand et non moins profond dans sa portée que les gémissements de ces Eglises d'Orient vers lesquelles Dieu tournera bientôt ses regards de miséricorde et de compassion, pour que le grand Pape puisse leur ouvrir enfin le bercail de l'Eglise, non moins qu'à ces peuples d'Allemagne et d'Angleterre qu'une lumière divine conduira aussi au tombeau des Apôtres. *Et fiet unum ovile, et unus pastor !...* « Et il n'y aura plus qu'un pasteur et un seul troupeau !... »

CONCLUSION.

Résumons nos impressions et recueillons nos souvenirs après cette étude des voix prophétiques.

N'est-il pas vrai que nous avons entendu de graves leçons d'histoire où plusieurs n'auraient cru trouver que des récits fabuleux, propres tout au plus à égayer l'enfant sur les genoux de sa mère ?

Nous avons vu comment l'Eglise est la clef de voûte de tout l'ordre social ; et si les rois ont lutté contre elle et ont entraîné leurs sujets dans cette rébellion sacrilége, n'y faut-il point reconnaître l'œuvre d'un ennemi aussi perfide que profond dans ses calculs ?

Dans l'ancienne économie de la société, l'Eglise, avec son influence morale, était le plus ferme appui de l'autorité légitime dans l'ordre civil, et les princes lui étaient redevables du respect qui entourait leurs trônes.

De leur côté, les monarques catholiques, mais surtout le roi de France, comme fils aîné de l'Eglise romaine, avaient pour mission de défendre le trône de Pierre contre la fureur de ses ennemis. Durant des siècles, la France fut fidèle à sa mission, et par cette solidarité de force et de puissance, l'esprit du mal ne pouvait battre en brèche le principe d'autorité dans le monde.

Impuissant à rompre ce faisceau sans le diviser, il eut la ruse de pousser les rois, par orgueil et esprit d'indépendance, à s'affranchir d'un joug qui faisait leur sécurité. Le protestantisme et le libre examen commencèrent cette œuvre de destruction, que continua le gallicanisme en France, et qui devait aboutir à la Révolution.

Qu'y ont gagné les rois ? Les débris de trônes qui jonchent le sol de l'Europe se chargent de répondre. Le principe d'autorité une fois ébranlé, l'ennemi triompha bientôt sur toute la ligne, et comme les rois et les grands étaient les premiers coupables, Dieu permit qu'ils fussent les premiers emportés par la tourmente.

Et le peuple à son tour, qui s'est laissé prendre au séduisant mirage des doctrines nouvelles qu'on a fait miroiter à ses yeux, quel avantage a-t-il retiré du renversement du trône et du mépris de l'autel ?

Cette devise célèbre : *Liberté, Egalité, Fraternité*, qu'est-elle autre chose qu'un appât mensonger, à moins qu'on ne veuille l'entendre à la façon des Robespierre, des Blanqui et des Félix Pyat : la liberté dans le vol et l'assassinat, l'égalité devant l'échafaud, la fraternité dans la tombe !

Aux prédications de l'Evangile qui avait civilisé le monde et qui adoucissait pour tous les épreuves de la vie, au pouvoir chrétien tempéré par la divine influence de la charité, quel déluge de maximes étranges et perturbatrices, quelle politique sans entrailles, quel joug de fer ont succédé ! Dieu, dans sa colère, a permis qu'un souffle de mort empoisonnât la société, qui est tombée d'autant plus bas que le christianisme l'avait élevée plus au dessus de la vieille société païenne, suivant cet adage : *Corruptio optimi pessima*... Voici, entre autres, Proudhon qui se demande : « Quel est le principe fondamental, orga-« nique, régulateur, souverain des sociétés ; prin-« cipe qui, subordonnant tous les autres, gouverne, « protége, réprime, châtie, et au besoin *exige la sup-« pression des éléments rebelles ?* Est-ce la religion, « l'idéal, l'intérêt? Est-ce l'amour, la force, la nécessité « ou l'hygiène? Il y a des systèmes et des écoles « pour toutes ces affirmations.

« Ce principe, suivant moi, est la justice. Qu'est-« ce que la justice? — L'essence même de l'huma-« nité.

« Qu'a-t-elle été depuis le commencement du « monde? — Rien.

« Que doit-elle être? — Tout. »

Ainsi, vous l'entendez de la bouche même du célèbre socialiste, puisque rien de ce qui existe et a existé n'est justice, il faut transformer l'ordre actuel, faire table rase des principes chrétiens, et, par un moyen radical, procéder même par voie d'élimination, *en supprimant les principes rebelles*. Et parce que les têtes ont cessé, depuis 93, de tomber sur l'échafaud, quoique l'anarchie vienne périodiquement réclamer son tribut de sang, croyez-vous que l'œuvre de destruction ne soit point poursuivie avec une intelligence et une habileté aussi déguisées et aussi persévérantes que redoutables? L'esprit révolutionnaire a tout miné sourdement dans nos institutions sociales ; c'est le ver caché qui pique le fruit

au cœur tout en lui conservant la couleur et les apparences de la vie. « Ce monde de la révolution, qui
« est le monde nouveau, n'hésite pas ; il veut être
« maître ; il veut l'être par tous les expédients de la
« violence ; il veut l'être par tous les modes d'action
« philosophique sur les âmes, et surtout par l'éduca-
« tion. Il ne dissimule à cet égard aucun de ses des-
« seins de domination contre le monde de l'Eglise,
« ou le monde ancien ; de là l'organisation légale de
« ses monopoles ; et, chose étonnante ! il est secondé
« par tous les corps publics sans exception, tous
« conspirant à livrer à l'Etat l'empire absolu des es-
« prits, des opinions, des croyances, c'est-à-dire
« tous voulant ôter du monde chrétien ce qui le fait
« libre, tous le voulant subordonné à l'Etat, régula-
« teur souverain, unique, exclusif de la pensée pu-
« blique et, s'il se peut, de la pensée privée des
« hommes (1). »

Un tel état de choses n'est-il pas pour tout homme qui voit, qui réfléchit et juge la conspiration la plus horriblement satanique, inventée pour oblitérer les consciences en prononçant sans cesse le mot d'*honnêteté*, pour corrompre les cœurs en dévoyant les intelligences, pour ruiner de fond en comble l'édifice construit par le droit naturel et par le droit divin ? Et faut-il le dire ? les hommes qui propagent ces doctrines ont accès presque seuls auprès des trônes, où ils étouffent d'autres voix qui pourraient monter jusqu'aux oreilles des souverains, les avertiraient des dangers qu'ils courent, et s'efforceraient de détourner leurs lèvres du calice qui doit leur donner la mort.

(1) *L'Athéisme social et l'Eglise*, par Laurentie, p. 61.

La révolution, c'est bien cette courtisane fanée dont parle Joseph de Maistre, et qui joue les airs d'une vierge avec une pudeur de carmin. Elle n'est autre chose que la barbarie savante et calculée, et surtout l'irréligion. Qui ne verrait, aux sinistres lueurs de l'incendie qui dévore les gloires de la grande capitale, catastrophe la plus frappante qu'ait racontée l'histoire depuis la chute de la Rome des Césars, qui ne verrait, à la clarté révélatrice de ces flammes, où mènent les conséquences de ces fatales doctrines ? ces doctrines que depuis 89 tous les gouvernements, sans en excepter la Restauration, ont systématiquement adoptées, comme si l'erreur pouvait pactiser avec la vérité, le ciel avec l'enfer, Dieu avec Satan !

Le Seigneur triomphera de ce fort armé à l'heure et de la manière qu'il s'est réservées. Il le fera, car il l'a promis, et il renversera tout à coup ce colosse d'airain qui tyrannise le monde.

Un saint prêtre avait prédit dès 1819 que la France serait miraculeusement sauvée quand on croirait tout perdu, et il annonça, comme preuve de la vérité de ses paroles, qu'une croix miraculeuse paraîtrait dans les airs. Cette croix, semblable à celle de Constantin, parut en effet il y a quarante-cinq ans à Migné, devant trois mille spectateurs qui attestèrent le prodige. C'est cette croix qui nous relèvera des abaissements et des ruines de la révolution. Les peuples l'avaient abandonnée pour se précipiter d'une course vertigineuse dans les voies glissantes du plaisir et des richesses ; mais Dieu ramènera ces égarés du fond de l'abîme, et après avoir sauvé la France régénérée par le malheur, par elle il sauvera le monde.

On croit cette France à jamais anéantie, parce que le Seigneur l'a livrée à l'étranger, et avec elle ses richesses, ses enfants et son honneur. Mais aurait-on oublié qu'il brise la verge dont il s'est servi quand elle a terminé sa mission?

La France reprendra donc son rôle de fille aînée de l'Eglise, et les nations seront saisies d'étonnement à la vue de sa résurrection glorieuse. La Prusse de Frédéric et de Voltaire rentrera au contraire dans l'obscurité et perdra ses titres à l'empire d'Allemagne. Cette couronne d'empereur acquise par le vol et par l'astuce ne saurait porter des fruits salutaires de prospérité et de bonheur, ni reposer longtemps sur une tête qui n'a conquis ses droits à la porter qu'en opprimant le faible et en renversant les droits éternels de la justice. Aussi est-ce à un autre front qu'elle est réservée; elle est destinée à celui qui doit, à la tête de la France, abattre partout l'œuvre de la révolution, réorganiser l'Europe chrétienne, et, arbitre du monde, faire prévaloir sur le schisme et l'hérésie la prépondérance salutaire de l'unique Eglise du Christ. A cette heure solennelle, Dieu, prenant en main sa propre cause, renversera tous les obstacles qui pourraient s'opposer à la régénération religieuse du monde, car la puissance a été donnée aux ténèbres pour châtier les hommes et non pour prévaloir contre la lumière. « Il brisera l'arc du guerrier et réduira ses armes en poudre; il jettera les boucliers aux flammes, afin que toutes les nations proclament la grandeur de son œuvre et le reconnaissent pour le Dieu souverain. »

A la révolution va succéder l'ordre, à l'impiété la religion, à l'anarchie le pouvoir régulier, à la déclaration des droits de l'homme l'affirmation efficace des droits de l'Eglise, aux cris de *Vive l'enfer !* ceux de *Vive Dieu !* aux clameurs sanguinaires du 21 janvier la proclamation du *principe* qui seul peut restaurer la France.

Ah ! ce principe trop méconnu et qu'on regarde à tort comme le mot d'ordre d'un parti, qu'on ne s'étonne point dans un temps de vertige universel, où l'on croit être sage en foulant aux pieds les lois inflexibles de l'histoire ; à une époque où l'on a perverti les plus saines notions du droit par des sophismes perfides, mis en avant pour les besoins de la révolution ; qu'on ne s'étonne point, dis-je, de voir ce principe proclamé si haut par des hommes parlant au nom de Dieu ! Qu'on pénètre plutôt la raison profonde pour laquelle, dans les prophéties, sont sans cesse affirmés les droits de la légitimité, jusqu'à faire reposer sur eux et sur la religion la reconstitution de la société.

Aurait-on par hasard oublié que chaque peuple a des lois fondamentales, *contre lesquelles tout ce qui se fait est nul de soi*, selon le mot de Bossuet (1), et qu'on ne peut répudier impunément le passé et violer la constitution essentielle d'un Etat sans ressentir les plus formidables secousses ?

« Quand le peuple, usant de sa liberté pour le « bien, a institué la forme gouvernementale *la plus « intime à la loi divine* qui le constitue, la plus ra- « tionnelle, celle qui est le plus en rapport avec ses « mœurs, son génie, son territoire,... et a délégué « cette portion de souveraineté, qu'il ne peut exer-

(1) Bossuet cité par Véran : *la Question du dix-neuvième siècle*, page 6.

« cer directement, soit à une assemblée, soit à un « président, soit à une dynastie, il ne doit reprendre « cette part de souveraineté, c'est-à-dire rentrer dans « ses droits primitifs, qu'à l'expiration du pouvoir « légitime de cette assemblée, de ce président, ou « après l'extinction de la dynastie qu'il a primitive- « ment élue. La révolte contre les lois fondamentales « n'est légitime sous aucun prétexte (1). »

En face de ces vérités, pourquoi faut-il avoir eu la douleur de voir des catholiques déserter le drapeau de la légitimité, jugeant qu'il suffisait de protéger et de sauvegarder les droits de l'Eglise, comme si toutes les vérités n'étaient pas solidaires les unes des autres, comme si la religion enfantait l'indifférence politique, et comme si l'on devait se contenter de combattre l'hérésie, sans se mettre en peine de poursuivre toutes les erreurs !

Pie VI ne disait-il point « qu'*il y a une étroite « obligation* de garder la fidélité *au prince légitime*, « puisqu'*il y a un précepte divin qui prescrit à cha- « cun de lui obéir?* » Et le grand Pape n'ajoutait-il pas : « Non, il n'est pas au pouvoir des peuples de ren- « verser à leur gré les empires et d'introduire sui- « vant leurs caprices de nouvelles formes de gouver- « nement (2). »

A ceux qui, confondant le fait avec le droit, et voyant sur le trône de France se succéder dans un effroyable tourbillon les gouvernements les plus disparates et les plus opposés, ont senti chanceler dans leurs cœurs le principe de la légitimité et le doute

(1) Véran, *la Question du dix-neuvième siècle*, p. 41.
(2) Pie VI, *Nov. litt.*, 1792.

envahir leur âme, Fénelon leur apprendra « que « la simple *permission* divine ne donne jamais aucun « *droit*, et que s'il faut être soumis à tout ce que « Dieu permet, il ne faut pas l'approuver comme « juste (1). »

France, relève-toi, et marche de nouveau d'un pas assuré dans les voies du salut que t'ouvrira la restauration de ton principe ! Lui seul est ta vie et ton repos, parce que *le vrai seul* peut donner ces bienfaits ; il est l'apaisement de tes discordes, parce que les partis, en s'abaissant devant lui, ne s'humilieront point devant l'homme, mais s'inclineront devant le droit ; il est le baume qui cicatrisera tes plaies. Hâte-toi de te jeter dans ses bras, car sans lui tu périrais comme ce voyageur blessé durant les ténèbres et dépouillé par les voleurs, qui, privé de tout secours, perd sa vie avec le sang qui coule de ses nombreuses blessures.

O prince, vous êtes digne de la noble tâche que va vous confier le ciel. Pour que vous puissiez établir votre règne dans la justice, Dieu vous prépare, par nos déchirements révolutionnaires, un monde nouveau, et *le Seigneur seul vous ramènera* par un coup de sa droite, malgré les intrigues du mal et les défaillances de la sagesse humaine, sur le trône de saint Louis. Quand cette parole fut dite à Charles X échangeant sa couronne contre les douleurs de l'exil : « Gardez-bien cet enfant, il sera le salut de la France ! » jeune proscrit de dix ans, vous ne songiez point, en ce jour de deuil et de larmes, que le Seigneur vous tirait du milieu de Babylone comme ces

(1) Fénelon cité par Véran : *la Question du dix-neuvième siècle.*

hommes inspirés qu'il envoyait jadis dans le désert pour se préparer à une mission sublime. Vous eussiez marché dans la voie des révolutions sans cet appel merveilleux, qui vous a réservé dans la solitude et les méditations fécondes pour régner un jour selon l'Evangile. Pour affermir votre trône chancelant, qui peut dire que vous n'eussiez jamais comme Louis XVI employé les expédients des économistes, ou sacrifié comme Louis XVIII aux idées philosophiques, ou cédé comme Charles X à la pression des libéraux? Trop grande et trop élevée est votre mission pour que vous puissiez jamais en déchoir. Car vous êtes le fils de miracle *qu'ont donné les gens d'Artois*, et qui doit régner en France avec honneur et sagesse; vous êtes le *grand Monarque* d'Holzhauser, le *Secours de Dieu*, qui travaillerez à l'exaltation de l'Eglise de concert avec le grand Pape, et Sainte-Sophie s'ouvrira devant vos armées victorieuses pour que dans l'antique basilique s'offre de nouveau le sacrifice éternel !...

Vous reçûtes à votre berceau le nom prophétique d'Enfant de l'Europe ; vous êtes, HENRI-DIEUDONNÉ, ROI DE FRANCE !...

FIN.

TABLE DES MATIÈRES.

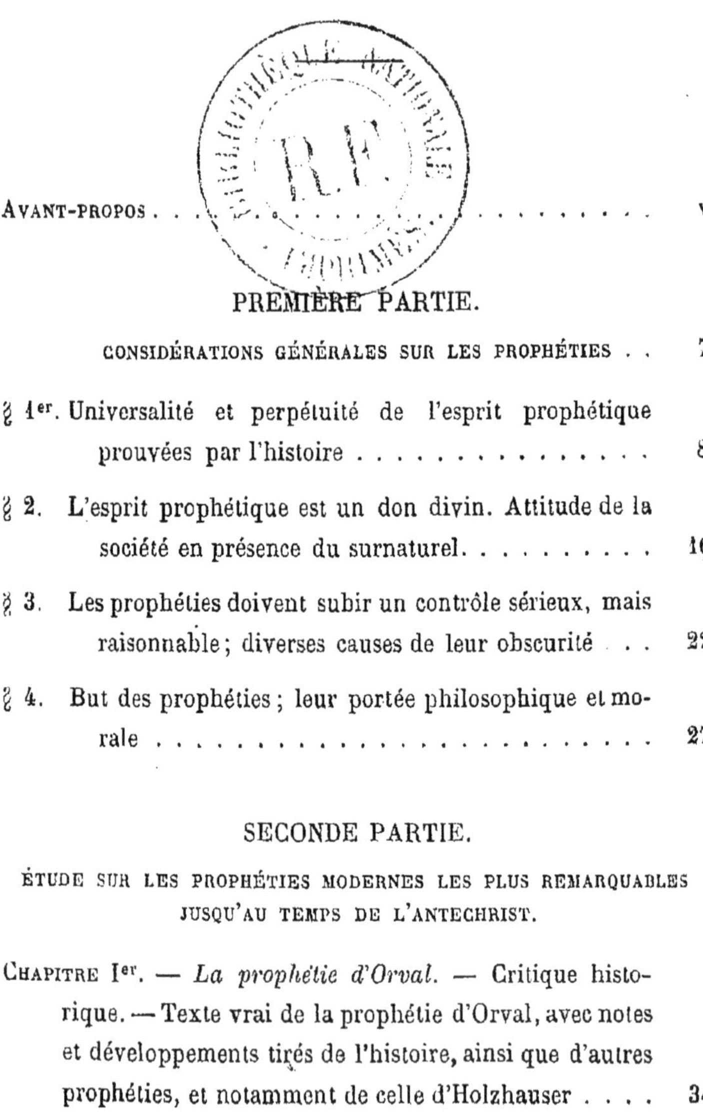

PREMIÈRE PARTIE.

SECONDE PARTIE.

FIN DE LA TABLE.

Lyon. — Impr. de Félix Girard, grande rue de la Guillotière, 243.

www.ingramcontent.com/pod-product-compliance
Ingram Content Group UK Ltd.
Pitfield, Milton Keynes, MK11 3LW, UK
UKHW022101260726
13993UKWH00001B/244

9 782329 094335